*Valeria Sogne & Dr. med. Armin Junghardt*

# STIFTUNG
# FOUNDATION
# 基础

## Das Stiftungsbuch

*ars* 📖 *remata*

Stiftungsaufbau und nachhaltige
Entwicklungszusammenarbeit von
2014 bis 2022 mit Ausblick.

**MIX**
Papier aus verantwor-
tungsvollen Quellen
**FSC® C106562**

FSC
www.fsc.org

1. Auflage 2023
ars remata, Neuackerstrasse 5b, 5408 Ennetbaden
© 2023 by ars remata, Ennetbaden
Grafik/Satz: grafikformat werbegmbh, Bremgarten
Fotos: *ToGo opening eyes*-Team und
Richard Nussbaumer, Gründer der Schule Belle-Étoile, Togo
Druck: Bürli AG, Druck, Kommunikation, Medien, Döttingen
Bindung: Bubu AG, Mönchaltorf
Printed in Switzerland
Klimaneutral gedruckt
ISBN 978-3-9525864-0-2

ars remata heisst Kunst | Worte und setzt sich
zusammen aus der lateinischen ars = Kunst und den
neutestamentlich-griechischen rhemata (ρήματα) = Worte.
Der Verlag ist aus der Zusammenarbeit von Valeria Sogne
und Armin Junghardt entstanden.

arsremata.ch
info@arsremata.ch

# Eine Stiftung in Togo
## AFRIKA

*Ein praktischer Leitfaden für kleine Stiftungen*

# INHALT

AFRIKA

TOGO

VOGAN

TOGO OPENING EYES

# KURZPORTRÄT EINER STIFTUNG

*ToGo opening eyes* stellt sich vor

2013 stellte sich Augenarzt Armin Junghardt erstmals die Frage: «To go or not to go to Togo?» Nun existiert die Stiftung *ToGo opening eyes* seit 2014 und leistet humanitäre Hilfe auf dem Gebiet der Augenheilkunde. Unter der Leitung des Stiftungsratspräsidenten Dr. med. Armin Junghardt reist ein Team zweimal jährlich in eines der ärmsten und korruptesten Länder der Welt. In einem Spital in Vogan, Togo, werden so jedes Jahr ca. 200 Personen mit Katarakt kostenlos operiert, eine grassierende, aber wenig behandelte Krankheit in Togo. Zudem ist die Augenabteilung in Vogan ganzjährig geöffnet und untersucht unter der Leitung eines gut ausgebildeten Augenassistenten viele Patient:innen. Die Augenabteilung finanziert sich von selbst während des Jahres durch die Zahlungen der Patient:innen. Die Stiftung plant, ihre Einsätze zu vermehren, und ist daran, die erste Augenklinik Westafrikas mit dem Namen *Que Tu Voies* (Auf dass Du sehen mögest) zu bauen. Das Motto der Stiftung lautet «Hilfe zur Selbsthilfe»; die Augenklinik wird für die togolesische Bevölkerung gebaut und soll von dieser nach und nach selbstständig geführt werden. Zu diesem Zweck werden Augenassistenten und Hilfspersonal vor Ort ausgebildet.[1]

*ToGo opening eyes* sucht laufend Personal für humanitäre Einsätze: Augenchirurg:innen, Operationsassistent:innen, Anästhesieärzt:innen, Hilfs- und Aufwachsaalpersonal und auch Jugendliche und junge Erwachsene, die ein eigenes Projekt auf die Beine stellen wollen. Interessierte, die aktiv mithelfen wollen, wenden sich an: Dr. med. Armin Junghardt, info@stiftung-togo.ch.

---

1 *Stiftungsbroschüre Augenlicht für Togo*

# GELEITWORT
# DES STIFTUNGSRATSPRÄSIDENTEN
## Dr. med. Armin Junghardt

Als Stiftungsratspräsident freut es mich, die Entstehung dieses Buches angestossen zu haben. Es erfüllt mich mit Zufriedenheit, dass die *Stiftung ToGo opening eyes* fortschreitet und wächst wie ein Bäumchen, das sich langsam fest im Boden verankert. Auch freut mich die schriftstellerische Kooperation mit der Theologin Valeria Sogne, die sich zufällig ergeben hat. Durch ihr theologisches Fachwissen bringt sie Aspekte aus Religion, Geschichte und Kultur in unsere Stiftungsarbeit ein, an die ich zunächst nicht gedacht hatte, und hebt somit die Stiftungsarbeit auf eine höhere Ebene. Dies ist wichtig für die Verarbeitung des Geschehenen und die Ausrichtung der weiteren Zukunft der Stiftung.

Bei der Stiftungsarbeit ist insbesondere eine genaue Planung für jeden Aufenthalt in einem fremden Land wie Togo sehr wichtig. Die Stiftungsaktivitäten sollen exemplarisch sein für andere Hilfswerke und dieses Buch soll helfen, die humanitäre Arbeit zu vereinfachen.

Ein Anliegen dieses Buches ist es auch, dass sich die gleichen Fehler nicht immer wiederholen. Denn vieles in der Stiftungsarbeit war zunächst neu und gelegentlich mit Fehlern behaftet. Wer dieses Buch liest, ist gut vorbereitet für die eigene Arbeit und sieht auch, wo mögliche Probleme liegen.

Nicht zuletzt ist dieses Buch ein starkes Plädoyer für die Philanthropie: Ich finde es nicht richtig, dass Menschen wie der Roche-Erbe André Hoffmann mit seiner Mava Foundation sich von ihr verabschiedet haben (mehr auf Seite 113). Zudem plädiere ich für eine Philanthropie im Kleinen: Kleine Hilfswerke werden oft ignoriert, obwohl sie Grosses auf humanitärem Gebiet leisten. Gerade um all jenen Mut zu machen, die in der Philanthropie tätig sind, bietet dieses Buch Antworten auf Fragen, wie sinnvolles Helfen gelingt.

Nach knapp zehn Jahren als Stiftungsgründer und -präsident schaue ich auf die Entwicklung von *ToGo opening eyes* zurück: Eine Stiftung entwickelt sich organisch und wächst in der Regel. Auch unsere Stiftung ist gewachsen, hat sich verändert und ist jetzt besser aufgestellt denn je. In meiner Rolle als Stiftungsratspräsident durchlaufe ich seit knapp zehn Jahren einen Lernprozess: Dabei habe ich gelernt, dass es verschiedene Persönlichkeiten braucht, die mit Herzblut anpacken und, wie es der ehemalige Stiftungsrat und aktuelle Beisitzende Rolf Wiederkehr einst formuliert hat, für das Projekt «brennen».

Es freut mich sehr, mit diesem Buch einen kleinen Beitrag zur Stiftungsarbeit zu leisten: Ich hoffe, die Lektüre animiert die geschätzten Leser:innen, die humanitäre Tradition der Schweiz weiterhin blühen zu lassen. Gerade auch persönliche Kontakte sind in der humanitären Arbeit sehr wichtig. Nicht nur Kontakte bei uns in der Schweiz, sondern auch am Ort der Tätigkeit. Lokale Kontakte bis hin zu ranghohen Politiker:innen, ja sogar bis hinauf zur Regierungsspitze sind nötig, um den Ärmsten dieser Welt zu helfen.

# VORWORT
## Warum es dieses Buch braucht

Geschichten sind immer inspirierend. Sie beflügeln die Fantasie und animieren dazu, Gutes zu tun. Das innere feu sacré wird angezündet und setzt Kräfte frei, etwas zu wagen, allen Widerständen zum Trotz.

Dieses Buch soll inspirieren, denn Geschichten von Stifter:innen, von ihren Ideen, Projekten und Umsetzungen legen Zeugnis ab von Menschen, die Licht und Hoffnung in dunkle und verborgene Teile dieser Welt bringen.

Das Buch soll aber trotz allem Enthusiasmus auch realitätsnah sein. Eine Stiftung ist nicht einfach eine schöne und noble Idee, sondern bedarf eines langen Atems. Sie ist kein kurzweiliger Zeitvertreib, sondern eine verbindliche Rechtsform, die einer gründlichen Vorbereitung und Planung, eines beträchtlichen Startkapitals und vieler Bürokratie bedarf. Stifter:innen besitzen beides: Sie sind einerseits beflügelt von der Idee einer besseren Welt. Andererseits ist ihnen ein gesunder und bodenständiger Pragmatismus zu eigen: Sie wissen um die mühselige Knochenarbeit, die eine Stiftung mit sich bringt.

Dieses Buch ist zudem ein Plädoyer für Nachhaltigkeit: Am Beispiel der Stiftung *ToGo opening eyes* wird gezeigt, wie Entwicklungszusammenarbeit dauerhaft (nach)wirkt. Die Geschichte von *ToGo opening eyes* ist eine Trilogie in vier Akten. Im Wort Trilogie steckt die Zahl drei: ein Hinweis darauf, dass in Afrika alles dreimal länger dauert, bis es funktioniert. Auf Französisch spricht man vom facteur trois. Zeitliche Verzögerungen in Togo haben die Stiftungsmitglieder und freiwilligen Helfer:innen häufig entmutigt und brauchen viel Kraft. Insofern ist das Wort Trilogie negativ behaftet, weil es das immer wieder aufkeimende Gefühl des Ausgebremstwerdens und der Ohnmacht in einem schwierigen Land beschreibt. Die Planung und Realisierung von Projekten kann noch so perfekt sein: Togo ist nicht die Schweiz. Der facteur trois zieht sich wie ein roter Faden durch die gesamte Stiftungsarbeit. Doch trotz dieser Hindernisse hat es die Stiftung schliesslich geschafft, eine Spitalabteilung in Vogan, Togo, zu etablieren. Im vierten Akt geht es um die Erstellung eines komplett neuen Spitals, ebenfalls in Vogan, mit Spezialisierung auf Augenuntersuchungen und -chirurgie, immer noch unter dem facteur trois, aber mit erheblichen Fortschritten. Der Bau des Spitals sowie die Ausbildung und Begleitung des togolesischen Fachpersonals werden voraussichtlich 15 Jahre dauern und in Etappen erfolgen. Dieses Vorgehen wird hier als modular bezeichnet: Ein Modul, das heisst ein Teil des Spitals, wird erstellt, im nächsten Jahr das nächste, wobei das erste parallel dazu gewartet und repariert wird; das dritte Modul wird erstellt, das zweite wird gewartet usw. Für den Bau, die Einrichtung und die Wartung eines Moduls wird momentan mit zwei Jahren gerechnet.

In den Togo-Tagebüchern 2014 bis 2019, verfasst von mitgereisten Jugendlichen und jungen Erwachsenen[2], ist einige Male vom facteur trois die Rede – und von der Ernüchterung, nicht schneller und effizienter operieren und damit Menschen vor dem Erblinden retten zu können, der schlimmsten Folge der Katarakt. Ein besonderes Anliegen des Stiftungsratspräsidenten Dr. med. Armin Junghardt ist es, Jugendliche und junge Erwachsene in die Stiftungs- und Freiwilligenarbeit von *ToGo opening eyes* einzubinden, und zwar ganz im Geiste des Zürcher Künstlers Gottfried Honegger (1917–2016, Gottfried Honegger Stiftung), dessen Absicht es war, die Welt durch die Kinder zu verbessern («vers un meilleur monde à travers les enfants»).

*ToGo opening eyes* ist eine kleine Stiftung. Sie setzt auf interne, freiwillige und unkomplizierte Beziehungsnetze und Mitarbeit, fernab jeglicher bürokrati-

---

2 stiftung-togo.ch, Presse & Infos, Tagebuch: Im Zeitraum von 2014 bis 2019 fanden ein- bis zweimal jährlich Reisen nach Togo statt, wo kostenlose Katarakt-Operationen durchgeführt wurden.
In den Togo-Tagebüchern sind diese Einsätze von freiwilligen Helfer:innen dokumentiert.

scher Papiermonster – auch wenn diese leider nicht zu umgehen sind. Für die Stiftung arbeiten die eigene Familie des Stiftungsratspräsidenten sowie Freund:innen, Bekannte, Kolleg:innen: ein familiäres und professionelles Beziehungsnetz, das über viele Jahre gewachsen ist. Als ETH-Architektinnen haben Uta Junghardt (Junghardt Architects) und die leider früh verstorbene Sybille Bucher den Bau des Spitals entworfen. Sohn Benjamin Junghardt (Beni), ebenfalls künftiger ETH-Architekt, hat zwei eindrückliche Kunstprojektwochen mit Kindern und Jugendlichen vor Ort gestaltet. Dabei wurde die Wand des Spitals in Vogan mit einer Geschichte bemalt, deren Inhalt gemeinsam erarbeitet wurde.[3] Auch Tochter Beatrix (Trix) war als Fotografin und Tagebuchschreiberin in die Gruppe der freiwilligen Helfer:innen integriert. Zudem haben die Geschwister Beni, Trix und Berenike (Nike) abwechslungsweise im Backoffice der Stiftung gearbeitet und die Spenden- und Dankesbriefe geschrieben.

Von 2014 bis 2019 sind weitere Jugendliche und junge Erwachsene nach Togo mitgereist. Kinder von Ärzt:innen, aber auch von Freund:innen und Bekannten von Armin Junghardt. Sie alle hier mit Namen zu nennen, ginge zu weit. Auf stiftung-togo.ch sind jedoch alle Namen einsehbar. Ihnen allen gebührt grosser Dank. Ebenfalls eingespannt ist die AugenarztpraxisPlus mit vielen Helfer:innen. Aus den Beziehungsnetzen am Arbeitsplatz haben sich Stiftungsratsmitglieder, freiwillige Mitarbeitende, Stiftungsablegerin (*Niggi hilft Togo*) und viele Unterstützer:innen und Spender:innen herauskristallisiert.

Man könnte das Modell der Stiftung *ToGo opening eyes* praktisch als «Familienbetrieb» bezeichnen, der insbesondere zu einer massiven Kürzung der administrativen Kosten beiträgt. Die dadurch entstandenen freundschaftlichen Beziehungen stellen einen hohen emotionalen Bezug zur Stiftung und zu deren Arbeit sicher. Wir alle streben danach, Teil von etwas zu sein, mit dem wir nicht nur ideell, sondern auch emotional verbunden sind. Familie bezeichnet grundsätzlich eine Verwandtschaft, geht jedoch noch viel weiter. Eine Stiftung kann eine

---

3 *Die Dokumentation der Kunstwoche sowie die Bilder der bemalten Spitalwand finden sich auf stiftung-togo.ch, Presse & Infos, Kunstprojekt 2016.*

wunderbare Gelegenheit sein, Menschen als «Familie» im weitesten Sinn zusammenzubringen: Menschen, die eine gemeinsame Vision und gleiche Werte teilen.

Die Stiftungsarbeit von *ToGo opening eyes* setzt einen Gegentrend zu den meisten Stiftungen, deren Administrationsapparat viel zu gross ist und einen guten Teil der Spendengelder schluckt. «Es löscht einem wirklich ab, wenn man sieht, was es alles braucht, um Gutes zu tun!», so der Stiftungsratspräsident. Angefangen bei der komplizierten Stiftungsgründung über die schier endlosen, zeitaufwendigen Aufgaben und Kontrollen bis hin zur Buchhaltung sowie zur Stiftungskontrolle der Eidgenössischen Stiftungsaufsicht ESA und zur Steuerbehörde. In den meisten gemeinnützigen Stiftungen ist der administrative Aufwand viel zu gross. Viel Zeit wird verbrannt, obwohl eine gute Sache vorangebracht werden sollte.

In der noch kleinen Stiftung *ToGo opening eyes* mit einem verhältnismässig bescheidenen Vermögen (unter 1 Mio. CHF) machen möglichst viele mit und packen an – und zwar freiwillig. Wie die Stiftung seit ihrer Gründung 2014 von einem Pflänzchen zu einem ansehnlichen Baum gewachsen ist, wird in diesem Buch erzählt.

Schliesslich soll das Buch auch ein Ratgeber sein für all jene, die an einer möglichst effektiven Stiftungsarbeit interessiert sind und gewährleisten, dass Spendengelder mit möglichst wenig Reibungsverlusten am Ziel ankommen und eingesetzt werden können. Da es in den Publikationen über Stiftungen bis anhin keinen praktischen Ratgeber aus der Perspektive von Stiftungen für Stiftungen gibt – voilà!

Und nun: Viel Spass beim Lesen und Sammeln von Eindrücken und Ideen für die eigenen Stiftungs-, Spenden- oder freiwilligen Tätigkeiten!

# IM KLEINEN
# GROSSES BEWEGEN

**To**Go opening eyes

# TOGO OPENING EYES

Eine Stiftung entsteht

*«Das Himmelreich gleicht einem Senfkorn,*
*das ein Mensch nahm und auf seinen Acker säte;*

*das ist das kleinste unter allen Senfkörnern;*
*wenn es aber gewachsen ist, so ist es grösser als alle Kräuter*

*und wird ein Baum, dass die Vögel unter dem Himmel*
*kommen und wohnen in seinen Zweigen.»*

*Matthäus 13.31–32*

---

*Quelle: Stiftungsbroschüre Im Kleinen Grosses bewegen*

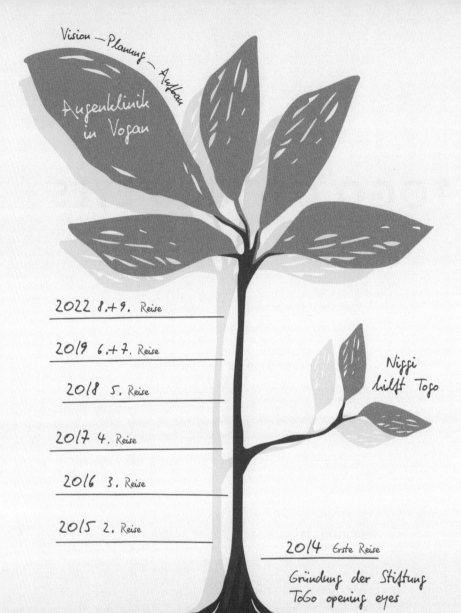

Vision — Planung — Aufbau

Augenklinik
in Vogan

2022 8.+9. Reise

2019 6.+7. Reise

2018 5. Reise

2017 4. Reise

2016 3. Reise

2015 2. Reise

Niggi
hilft Togo

2014 Erste Reise

Gründung der Stiftung
ToGo opening eyes

2013
Es keimt die Idee, eine Stiftung zu gründen...

Bekanntschaft mit Anita & David,
die zu Pater Théo führt

# TO GO OR NOT TO GO
# TO TOGO
## Wie alles begann

Die Stiftung *ToGo opening eyes* wäre ohne den Kontakt zum togolesischen Priester Père Théo nie zustande gekommen. Bis zum ersten Kontakt mit Pater Théo war Togo für Armin Junghardt ein völlig unbekanntes Fleckchen Erde. Und so musste erst einmal nachgeschaut werden, wo das Land in Westafrika denn überhaupt liegt.

Der Kontakt zwischen Armin Junghardt und Père Théo entstand aufgrund einer beidseitigen Grauer-Star-Erkrankung des Priesters. Ehemalige Patient:innen von Junghardt und ehemalige Stiftungsrät:innen – Anita und David Kennedy – hatten Père Théo 2013 dem Augenarzt vermittelt. Nach erfolgten Operationen entstand die Idee, kostenlos und humanitär Grauer-Star-Operationen in Vogan, Togo, durchzuführen. Auch der Name der Stiftung geht auf Anita und David Kennedy zurück.

Der Graue Star[4] oder die Katarakt ist eine Linsentrübung im Auge: Die Augenlinse trübt sich milchig ein, Dinge werden nur noch verschwommen gesehen, es kommt zu einer Blendungsempfindlichkeit. Was bei uns in westlichen Industriestaaten als Alterserscheinung auftritt und operiert wird, indem eine künstliche Linse eingesetzt wird, tritt in Togo aufgrund von Mangelernährung bereits bei Kindern ab der Geburt auf. Aber auch die Sonneneinstrahlung in Togo (es gibt keine Sonnenbrillen!), der hohe Phosphatgehalt in Wasser und Böden (Phosphat

---

4 *Der Begriff Star hat nichts mit dem Vogel zu tun, sondern mit der Katarakt, vom Griechischen katarrattein (καταρράττειν), was so viel bedeutet wie Wasserfall. Dieser verliert die Klarheit des Wassers durch Wirbelbewegungen im Wasser, gleich wie die Linse durch Trübung an Klarheit verliert.*

findet sich in Waschmitteln und Batterien) sowie Infektionen erhöhen das Risiko, an Katarakt zu erkranken. Auch Ohrfeigen, eigentlich «Augenfeigen», welche die Augen der Kinder verletzen, gelten als Ursache für die Erkrankung.[5] Die Operation erfolgt bei Kindern unter Vollnarkose, bei Erwachsenen unter Lokalanästhesie. Die Katarakt-Operation ist bisher die einzige hilfreiche Behandlung, die mit grosser Wahrscheinlichkeit gelingt und schmerzlos verläuft: Die hinter der Pupille liegende, milchig trübe Linse wird entfernt und durch eine künstliche ersetzt.[6] Aufgrund ungenügender medizinischer Versorgung in Togo führt die Krankheit leider oft zur Erblindung.[7] In ganz Togo gibt es ca. 20–30 Augenärzt:innen, wobei niemand die genaue Anzahl kennt. Das entspricht einem Arzt auf 200 000 Leute. In der Schweiz ist das Verhältnis 1:20 000, das heisst, es gibt hierzulande zehnmal mehr Augenärzt:innen. Die Arztkosten in Togo für eine Augenoperation im Spital betragen 20 000 togolesische Franc (100 CHF) und 40 000 Franc (200 CHF) für das Material. Die Patient:innen müssen das Material selbst einkaufen und mitbringen (insgesamt 300 CHF). In einem Privatspital belaufen sich die Kosten auf 120 000 Franc (600–800 CHF). Im Vergleich: Das monatliche Einkommen eines Taxifahrers (Durchschnittseinkommen) beträgt 25 000 Franc (50 CHF). In der Stadt Vogan leben insgesamt rund 1000 Menschen, im städtischen Grossraum sind es ca. 55 000. In der Hauptstadt Lomé sind es ca. 2 und in ganz Togo 7 Millionen. Von diesen Menschen sind 50 000 beidseits blind, davon 25 000 durch Katarakt. Von all den durch Katarakt erblindeten Menschen werden nur bescheidene 3000 operiert. Blindheit ist nicht nur in Togo, sondern in der gesamten Dritten Welt, in der sich 90% der Blinden finden, ein Problem. Dies entspricht 9 von 10 Menschen, die blind sind, weil sie sich keine OP leisten können. Mit den nötigen Mitteln wären 80% der Blindheit auf dieser Welt vermeidbar: Häufigste Ursache ist die Katarakt.[8]

5 Kimberly Bont, Augenklinik Que Tu Voies, 6. Oktober 2021, stiftung-togo.ch, Links
6 Stiftungsbroschüre Niggi hilft Togo zum Charity-Abend am 19. November 2019 in der Aula Mägenwil, Bont, Augenklinik Que Tu Voies
7 Coopzeitung, kfr.ch/liceo/wp-content/uploads/2016/09/togoprojekt_coopzeitung.pdf (der Artikel ist nicht mehr auf dieser Seite abrufbar)
8 Anna Rufer, Alexandra Egloff, Tillmann Förster, Übersicht und Beurteilung von ToGo opening eyes, stiftung-togo.ch, Links

Vor den Einsätzen von *ToGo opening eyes* 2014 gab es im Bezirk Vogan kein einziges Operationsmikroskop. Heute gibt es immerhin deren zwei für Augenoperationen.

*ToGo opening eyes*: Der englische Name besagt, dass Katarakt-Operationen in Togo durchgeführt und damit Augen wieder geöffnet und zum Sehen erweckt werden. Als ehemalige Angehörige einer französischen Kolonie haben die Togoles:innen mit dieser englischen Namensgebung Mühe und können den Namen kaum aussprechen. Wahrscheinlich wäre ein französischer Name besser gewesen. Seit 2014 etabliert, soll der englische Name aber bleiben. Ausserdem hat der Stiftungsname mit einer gewissen Euphorie und Aufbruch zu tun, da Englisch in der heutigen Zeit häufiger für positive Ausdrücke verwendet wird als Französisch.

Nachdem Dr. Armin Junghardt 2013 gemeinsam mit seinem Sohn Beni eine Evaluation vorgenommen hatte, gab er grünes Licht für das Projekt, und im folgenden Jahr erfolgte die Stiftungsgründung. In der Evaluation wurden folgende Punkte unter die Lupe genommen: vorhandene Unterkunftsmöglichkeiten, die Spitalabteilung mit Untersuchungs- und Operationsmöglichkeiten, die lokalen Verhältnisse sowie die Offenheit der lokalen Behörden und der Politik gegenüber der Stiftung und ihrem ophthalmologischen Engagement. Der endgültige Beschluss, das Projekt zu realisieren, wurde aus dem Bauch heraus gefasst und lautstark mit einem «Yes, we go to Togo!» bekräftigt.

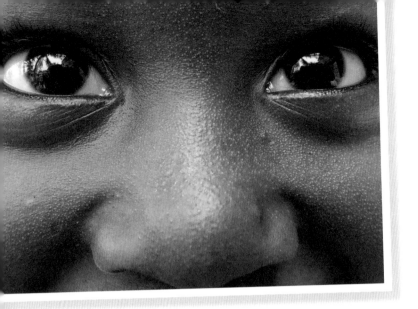

# *Einblicke ...*

## WILLKOMMEN IN TOGO

Togo-Tagebücher der humanitären
*ToGo opening eyes*-Einsätze von 2014 bis 2019

Die jährlichen Tagebücher[9] wurden von Valeria Sogne weiterverarbeitet
und zu einem einzigen Text im Stil der lyrischen Prosa «verschmelzt».
Das übersichtliche Tagebuch veranschaulicht gut, wie die Aufenthalte in
dem für die Reisegruppe fremden Land Togo abliefen.

---

9 Verfasst von mitgereisten Jugendlichen und jungen Erwachsenen,
unter stiftung-togo.ch, Presse & Infos, Tagebuch

# The journey begins.

Die Crew,
bestehend aus
Chirurgen,
einem Anästhesiearzt,
einer Aufwachschwester,
Operationsschwestern,
einer Optikerin und Optometristin,
Krankenschwestern,
einem Fotografen und Übersetzer,
Tagebuchschreiber:innen,
Alteingesessenen, Reiseerfahrenen
und Neuen,
trifft sich
nervös und voller Vorfreude
auf das Abenteuer,
das in Flugweite
vor ihr
liegt.

25

# Check-in.

*Nach endlosem Umpacken,*
*Warten und*
*Koffergewichtschätzen*
*kann endlich*
*der letzte Pass*
*gezeigt,*
*der letzte Koffer*
*auf die Waage gehievt und*
*aufs Laufband gelegt werden.*
*Aufatmen*
*vor Erleichterung –*
*die Reise kann beginnen!*

## Paris. Zwischenhalt.

*Schwebend*
*über Paris,*
*die Höhenmeter*
*sinkend.*

*Noch einmal hochreissen –*
*Rundflug.*

*Vor uns*
*in hohen Lüften*
*der Eiffelturm,*
*unter uns*
*die Seine.*

# Dann die Landung.

*Der Flughafen.*

*Runtergezogen*
*auf die Erde.*
*Wettlauf mit der Zeit.*

*Einstieg.*

# Der nächste Flug wartet.

*Warten.*

*Fünfstündiger Aufenthalt an Bord:*
*Gewitter, ein defekter Motor.*

*Im 5-Minuten-Takt quengelndes Schreien,*
*gefolgt von freudigem Lachen*
*aus der Kehle eines kleinen Jungen*
*im Alter von zwei Jahren,*
*frisch gemacht im eleganten Anzug,*
*in den Gängen auf der Suche*
*nach potenziellem Spielzeug.*

# Nach diesem Auftritt endlich Abflug!

# Willkommen in Togo!

Angenehme Hitze
begrüsst,
umarmt,
wärmt,
begleitet vom Klang der Trommeln,
die «yovo», die «Weissen».

Neugierige Blicke.
In der Ferne
ein Gewitter.

Endlich …

nach zwei Stunden Fahrzeit,
mit Koffern und Eindrücken
beladen:

*nach sieben Stunden und 7000 Kilometern Distanz,*
*nahe der Erschöpfung:*

# Willkommen in Vogan, Togo!

*Grosses Wiedersehen im Haus von Père Théo.*

# Gospel.

«Eine Frau, wenn sie gebiert, so hat sie Schmerzen, denn ihre Stunde ist gekommen. Wenn sie aber das Kind geboren hat, denkt sie nicht mehr an die Angst um der Freude willen, dass ein Mensch zur Welt gekommen ist. Auch ihr habt nun Traurigkeit; aber ich will euch wiedersehen, und euer Herz soll sich freuen, und eure Freude soll niemand von euch nehmen.» – Jesus Christus, Johannes 16,21 f.

Ein unbekannter Arzt rennt ins Zimmer:
«Wollt ihr eine Sectio sehen?»
Natürlich, wir springen auf,
gehen mit.
Während der Sectio,
begleitet vom Gesang der Gebärenden,
ein Gospellied:
Ode an eine Mutter,
an die Siegerin über Schmerzen und Gefahren
der Geburt,
an die Ankunft
eines neugeborenen Lebens.
Unbeschreibliches
Erlebnis.

*Entfernung eines Atheroms*
*aus dem Augenlid.*
*Die betroffene Frau leidet*
*seit drei Jahren an*
*einer nicht diagnostizierten Krankheit,*
*seit einem Jahr*
*verklebte Augenlider.*
*Auf dem Tisch liegend,*
*betet sie um Heilung,*
*murmelt immer wieder:*
*«God bless you! God bless you!»,*
*während ihre zugeklebten Lider*
*auseinandergeschnitten werden.*
*Dieses Mal:*
*kein Wunder, keine Heilung.*

# Kirche.

*5.30 Uhr: Aufstehen,*
*die Ersten wagen sich*
*unter die kalte Dusche.*
*Sonntag bedeutet*
*Messe.*
*Auf dem Weg zur Kirche*
*Begegnung mit vielen Menschen*
*in bunten Sonntagskleidern.*
*6.00 Uhr: bei der Kirche*
*mit unfertigem Grundgerüst.*
*Eine magere Erscheinung ohne Innendach.*
*Reihen, die sich nach und nach füllen,*
*neugierige Blicke.*
*6.05 Uhr: bis auf den letzten Platz gefüllte Reihen –*
*neben uns, den Ausländern, gähnende Leere.*
*6.10 Uhr: Überraschung.*
*Auch die Nachbarreihen sind nun voll.*
*Lebendiger, fast dreistündiger Gottesdienst,*
*tanzender Chor in den Betbänken,*
*in wild gemusterte Kleider gehüllt.*
*Aus den Bänken gerissen,*
*tanzen und singen wir mit,*
*kopieren schnell und holprig*
*den Tanz,*
*um nicht aufzufallen –*
*Schmunzeln*
*der Gottesdienstbesucher:innen.*

*Freude,*
*unendliche,*
*die grösser ist*
*als der umgebaute Kirchenraum.*

*Ein Stück importierte Heimat:*
*Schweizer Milch und Mehl,*
*um auch hier Sonntagszopf zu geniessen.*

*Tagesanbruch.*

*Die togolesischen Hähne krähen,*
*wann sie wollen,*
*zum Beispiel frühmorgens*
*um 2 Uhr.*
*Schweizer Hähne*
*rufen nur einmal*
*«Kikeriki»,*
*und zwar*
*pünktlich*
*bei*
*Sonnenaufgang.*

# Begrüssungszeremonie.

*Wichtiges Ereignis auf dem Wochenplan:*
*die offizielle Begrüssung*
*vor dem Spital von Vogan.*
*Zweistündiger Anlass mit wichtigen Leuten.*
*Ohne die kommt man hier nicht weit:*
*der Bürgermeister,*
*der Präfekt [Kantonsrat],*
*der Vertreter des Gesundheitsministeriums,*
*Politiker.*
*Vor grossem Publikum wird die Stiftung*
*ToGo opening eyes vorgestellt.*
*Danach:*
*Apéro im Spital*
*mit Getränken*
*weit über dem Verfallsdatum,*
*dafür himmlischem Gebäck.*

# Willkommensgeschenk.

*Besuch des Schneiders*
*des Herrn Präfekten,*
*vermessen werden*
*für Röcke und Hosen,*
*genäht mit*
*uralten Nähmaschinen*
*aus der Kolonialzeit.*

*Jetzt wissen alle ihre Masse.*

33

# Schicksale.

*«Wir können keine grossen Dinge vollbringen – nur kleine,*
*aber die mit grosser Liebe.» – Mutter Theresa*


*Nie den Bezug zu den Lebensgeschichten Einzelner verlieren.*
*Sie legen Zeugnis vom Wesentlichen, Unendlichen ab,*
*von der Schönheit des Lebens,*
*von der Kostbarkeit des Moments.*


*Ohne sie gäbe es keine Wunder.*


*« Sobedo !»*
*« Guten Tag !»*
*« Sobedo !»*
*« Guten Tag !»*
*« Doso !»*


*«Dir auch einen guten Tag!»,*
*tönt es jeden Morgen von allen Seiten,*
*kaum betreten wir die Klinik.*
*Zurückgrüssend auf Ewé,*
*werden wir angelacht.*


*Jeden Tag herzerwärmend,*
*der herzliche Empfang der Patient:innen*
*im Wartezimmer,*
*um 6 Uhr schon vollzählig aufgereiht,*
*von weit her kommend,*

*manche zu Fuss.*
*«On a gongoné»:*
*Es hat sich weit herumgesprochen*
*mit Buschtrommeln,*
*zwei Monate vor Ankunft*
*der ToGo opening eyes-Equipe,*
*bis nach Ghana und Benin,*
*dass es kostenlose Grauer-Star-Operationen gebe,*
*gute Arbeit geleistet werde.*

*Auf Holzbänken wartend,*
*einer Fankurve gleich.*
*Erwartungsvolle Blicke,*
*farbige Gewänder,*
*hoffnungsvolle Gesichter*
*der Sehenden.*
*«Bonjour!»,*
*zugerufen von den*
*Blinden.*

35

*Eine junge, 27-jährige Frau,*
*einst blind,*
*nun sehend.*

*Ein Chauffeur mit Grauem Star,*
*der nach erfolgter Operation*
*freie Bahn vor sich hat,*
*nur noch eine statt zwei Stunden*
*für denselben Weg braucht,*
*der sich am gemütlichen Nach-OP-Stuhl*
*und an den Keksen erfreut,*
*Abwechslung im Alltag.*

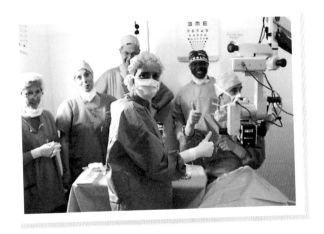

Soul Food.

*Ein junger Mann,*
*blind,*
*von Verwandten am Arm gestützt,*
*in Gedanken bei der Nachkontrolle nach der OP*
*und dem Abnehmen der Augenbinde,*
*beim Wiedererlangen des Augenlichts.*

Ein alter Mann,
taub-blind,
langsam am Stock gehend und gekrümmt,
einer Schildkröte ähnlich,
immer seinen Enkel als Stütze bei sich.
Nach der Nachkontrolle:
tänzelnd,
von einem Ohr zum andern lachend:
Endlich wieder sehen!
Wo wohl sein Enkel geblieben ist?
«Ach der,
den brauch ich jetzt nicht mehr,
der geht wieder zur Schule!»


Rascheln und Wischen von Stoff
auf glatten Klinikfliesen.
Neugierig die Blicke hebend,
um sie dann wieder
gen Boden sinken zu lassen.
Da erscheinen
zwei Hände auf dem Boden,
gespannt, den Körper nachziehend.
Im Kriechgang:
ein blinder, einbeiniger Patient.

Drei kleine Togolesen
zwischen sechs und zwölf,
sehnsüchtig auf ihre Operation wartend.
Nach tapferem Überstehen der Operations-Pikser
friedliches Einschlafen
in den Armen ihrer Mütter.

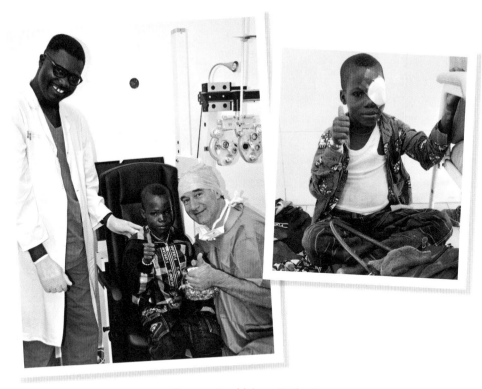

*Dem ersten kleinen Patienten*
*werden beidseits neue Linsen eingesetzt,*
*nachdem ihm diese im Alter von fünf Monaten*
*bei einer Katarakt-Operation*
*entfernt worden sind.*

*Dem nächsten Mädchen*
*wird eine Kalkablagerung im linken Auge*
*herausgeschnitten,*
*die traumatischen Verletzungen des Auges*
*zu schwerwiegend,*
*als dass operativ geholfen werden könnte.*

*Der letzte Knabe*
*wird schweren Herzens abgewiesen,*
*zu tiefer Augendruck,*

*sein Auge*
*durch ein Trauma irreparabel geschädigt.*

Manchmal ist nichts mehr zu machen,
Hoffnung bleibt,
andere Schicksale zum Guten zu wenden.

*Ein lachender Raum,*
*als eine alte,*
*blinde Frau*
*in Begleitung*
*zum Aufwachraum*

tänzelt.
Lebensfreude.

*«Eyitso!»*
*«Bis morgen!»*

*Bevor der Hahn um 5 Uhr kräht*
*und ein neuer Tag*
*zum Leben erwacht.*

Unannehmlichkeiten,
Zwischenfälle.

*Koffer.*

*Immer wieder geht mal einer verloren.*

Wer nimmt den Weg auf sich,
um ihn über holprige Strassen
am Flughafen abholen zu gehen?
Wird er denn je wieder gefunden?
Er wird.
Ausgelost per Schüttelbecher,
wird einer der glücklichen ToGo opening eyesianer
den Weg auf sich nehmen.
Mission: Repatriierung des Koffers.

# Ratten.

Sie sind überall,
verstecken sich im
Rattenloch in der Decke,
drei halbtote Ratten in der Falle,
neben den Essensvorräten.
«Her mit dem Knabberkoffer!»
Schweizer Notfallkost:
Noch nie haben
Erdnüssli,
Biberli,
Guetzli
so gut geschmeckt.

Spätabends nach Hause kommen,
müde aufs Zimmer gehen
und nicht allein sein.
Da ist noch jemand,
die genauso erschrocken ist:

Noch während wir uns in die Augen schauen,
rennen wir in entgegengesetzten Richtungen davon,
die Ratte und ich.

## Mücken und Ameisen.

Mücken
erobern das Haus,
werden vom Vorabendregen reingespült.
Mit Schwärmen von allem,
was da kreucht und fleucht.
Igitt!
Das togolesische Markendeo heisst
«Mückenspray».

Nach dem Abendessen
schleunigst unter die Moskitonetze,
und wenn mal keine Mücke summt,
kriecht eine Ameise hervor.

## Spinnen.

Wie aus dem Nichts springt
eine grosse, flache Spinne
aus den Kleidern einer Patientin hervor.
Aufschreien der Operations- und Anästhesieschwestern.
Erfolglose Spinnenjagd,
Tod der Spinne unter der Sauerstoffflasche
des Anästhesiearztes.

Zu Hause wartet eine weitere im Badezimmer.

# Der Handwerker.

Bohrgeräusche
neben dem OP-Saal.
Da steht einer neben dem Aufwachraum
und bohrt fröhlich in die Wand.

## Chaos.

«Afrika, Afrika, Afrika, warum bist du nur so langsam?» –
Tagebuchschreiberin, 26. Juli 2018

«Auch wenn hier nicht immer alles nach Plan läuft, klappt es am Ende doch.
Es ist alles eine Frage der Einstellung und Flexibilität.» –
Tagebuchschreiberin, 3. August 2018

«Leben ist das, was passiert, während du eifrig dabei bist,
andere Pläne zu schmieden.» –
John Lennon

## Chaos

verführt zum Aufgeben –
wer widersetzt sich ihm?
Die Mutigen,
die den Anfang wagen.
Das erste wiedereingeordnete Regal –
ein kleiner Sieg,
der erste Schritt hin zu Ordnung.

# Der unliebste Raum,

aber auch er gehört dazu,
mit vielen Namen.
Wie soll man ihm sagen:
Abstell-,
Lager-,
Umkleideraum …?
Kartons,
Schachteln,
schwarze Säcke
warten darauf,
hinausgetragen,
inspiziert und
sortiert zu werden.

# Vor der ersten Operation

müssen
Gestelle abgestaubt,
Medikamente und
Linsen neu geordnet,
Instrumente gesäubert,
Material gesichtet,
Brillen geschliffen werden.
Dann wird eingeräumt,
geputzt, eingerichtet,
werden Geräte
getestet und
die einheimischen
Ärzt:innen eingeführt.

43

Warten.

Facteur trois:

*Alles dauert hier
dreimal länger
als gewohnt.*

Warten.

*Auf den Container,
der die fehlende Ware
für die Operationen enthält.*

Warten.

*Auf den Beginn
der ersten Operation.*

*Patient:innen*
*werden nach Hause geschickt,*
*ihre Vorfreude zerfliesst*
*mit ihren Tränen.*

Der Container sollte
heute Abend
noch ankommen.

*Die Hoffnung stirbt zuletzt.*

Wir glauben fest daran.

*Frühstück im Haus von Père Théo.*
*Ruhe vor dem Sturm.*
*«Ist der Container da?»*
*Betrübtes Kopfschütteln.*

*Rettung in letzter Sekunde:*
*Materiallieferung aus Lomé.*

*Wann kommt der Container?*
*Tabufrage, um die sich Schweigen hüllt.*
*Resignation – darüber*
*will niemand sprechen.*

Weiter hoffen.
Und endlich,

*nach vielem Netzwerken*
*durch Père Théo,*
*am Hafen,*
*am Zoll.*
*Schliesslich ist*

der Kampf gegen den Hafen,
die Bürokratie,
das liebe Geld,
das auch für den Bau
des neuen Spitals
gebraucht wird,
gewonnen:

Er ist wieder da.

Die Dusche muss warten,
es heisst
wieder einmal:

Ausräumen,
Kisten auspacken,
Material
sortieren.

*Auch das Stiftungsauto*
*unterzieht sich dem «Frühlingsputz im Sommer»:*
*Nach holprigen Fahrten auf rotem Sand*
*wird aus Silberfarbe Rot.*
*Wasserbehälter werden gefüllt,*
*der Wischmopp in Schwung gebracht.*
*Wieder lesbar:*
*der Schriftzug*
*ToGo opening eyes.*

## Operationssaal.

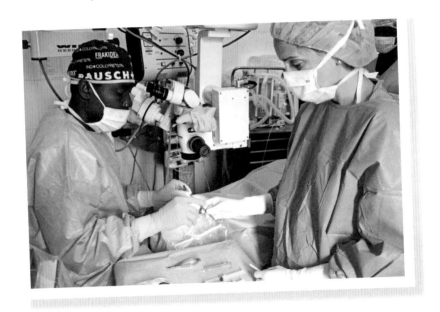

*Nun aber bleiben Glaube, Hoffnung, Liebe, diese drei; aber die Liebe ist die*
*grösste unter ihnen.*
*— Apostel Paulus, 1. Korinther 13,13*

*Volles Zimmer,*
*und jetzt kommen auch noch*
*französische Pflegestudentinnen dazu.*
*Wie viel Platz hier wohl ist?*
*19 Quadratmeter –*
*das entspricht*
*der Fläche eines Fussballtors –*
*für vier bis fünf Menschen,*
*Operationen,*
*Sterilisieren der Instrumente.*
*Die Instrumente,*
*abgewaschen in einem angrenzenden WC*
*über dem Lavabo.*
*Hoffnung*
*auf den Neubau des Modularspitals*
*in Vogan, Togo.*
*Vor dem ersten Spatenstich*
*Fragen,*
*die geklärt werden müssen:*
*Wessen Unterstützung ist nötig?*
*Ist eine Zusammenarbeit mit der Regierung*
*möglich?*
*Gespräche über Gespräche,*
*Bürokratie über Bürokratie,*
*Mittagessen*
*mit*
*Regierungsvertretern,*
*Stiftungsräten, Architekten,*
*Hilfsorganisationen, Unternehmen,*
*Ärzten,*
*Priestern.*

*Gefragt sind*
*Ausdauer, Glaube, Liebe,*
*Hoffnung, Tatkraft*
*oder kurz:*
*ein langer Atem.*

## Stromausfall.

*Am besten funktioniert die Kaffeemaschine*
*bei geringem Stromverbrauch.*
*Für eine Tasse Kaffee*
*wird abends im Dunkeln*
*gesessen.*

*Mitten während der Operation ein*
*mächtiges Gewitter,*
*Stromausfall,*
*nur kurz –*
*Improvisation*
*ist gefragt.*
*Gott sei Dank,*
*gibt es die Taschenlampenfunktion*
*auf dem Handy.*

*Stromausfall,*
*nachts romantisch um*
*eine Kerze oder eine*
*Handytaschenlampe*
*versammelt*
*plaudern.*

# Einladungen.

*Gefragt sein*
*kann auch Pein sein.*
*Wir wollen doch nur*
*operieren,*
*helfen,*
*den Armen.*
*Immer wieder*
*werden wir eingeladen:*
*zu einem Ausflug der Regierung*
*in den Norden nach Kara,*
*einer Safaritour mit*
*Zebras,*
*Gnus,*
*einem Museumsbesuch.*
*Abendessen beim Halbbruder des togolesischen Präsidenten.*
*Ständiges Abwägen in der Gruppe:*
*Sollen wir da hin?*
*Ständig nagendes schlechtes Gewissen:*

Gehen wir, bleibt weniger Zeit
für die, die uns brauchen.
Der Pragmatismus siegt.
Wir folgen der Einladung,
weil wir wissen:
Nur durch Verbindungen
mit der Regierung
kann den Armen geholfen werden.

## Natur Farben, Landschaft, Düfte, Kulinarik.

Wie herrlich,
den Tag
mit einem frischen Frühstück
aus Omeletten,
Mangos,
Grapefruits,

*Bananen,*
*Ananas,*
*Papayas zu beginnen –*
*welche Geschmacksintensität.*
*Das Essen hier ist*
*strikt vegetarisch,*
*viel Reis und Kartoffeln*
*mit scharfer roter Sauce,*
*immer garniert*
*mit Erdnüssen.*
*Wie sehr wird*
*das saftige Stück Fleisch vermisst*
*und von den noch lebenden Omnivor:innen*
*nach Ankunft in der Heimat*
*genüsslich verspeist.*

*Auf den sandigen, knallig orange-braunen –*
*als wären sie einem Acrylmalkasten entsprungen –*
*Strassen zum Spital fahren.*

53

# Lomé.

*Der Geruch*
*nach verbrannter Erde*
*steigt in die Nase.*
*Heisse, feuchte Luft wabert in Wolken,*
*setzt sich in allen Poren fest.*
*Früher während der Kolonisation*
*«la plus belle»,*
*heute*
*«la poubelle».*

*Nach anstrengenden Stunden*
*den Tag bei einem Bier ausklingen lassen,*
*bevor es heimwärts geht*
*in der einsetzenden Dämmerung.*
*Die roten Strassen des Städtchens Vogan*
*leuchten*
*in der Abendsonne.*

*Am Tag,*
*nahe des Äquators*
*auf eigenen Schatten gehend,*
*die rotsandigen Strassen runter.*

# Malerischer Spaziergang.

*Seitensträsschen,*
*eine Mühle, eine Schusterei,*
*Lebensmittelstände.*

In Lomé wird ohne Verkehrsregeln
auf Motorrädern gefahren –
bevorzugtes Transportmittel
für ein bis zwei Personen.
Schlaglöcher
gibt es in der Stadt immer weniger,
dafür umso mehr ausserhalb.

Es regnet in Strömen,
ungewöhnlicher Sommerregen,
der hungrig scheint –
rote, sich in einen Sumpf verwandelnde Strassen.
Der Fernsehauftritt der Stiftung,
das kleine Konzert in Père Théos Garten:
ins Wasser gefallen.

Stockfinsterer Himmel, Sternenpracht am Himmel von Vogan.

# Markt.

*Freitag*
*ist Markttag*
*in Vogan, Togo:*
*«Le Grand Marché de Vogan».*
*Bereits morgens*
*wimmeln die Strassen von Menschen.*
*Zahllose Stimmen*
*vibrieren und verschmelzen zu lautem*
*Summen.*
*Emsiges Treiben aus*
*Feilschen,*
*Anpreisen,*
*Reden,*
*Weinen,*

## Lachen.

## Leben.

*Reizüberflutung,*
*durcheinanderströmende Menschenmassen,*
*ungewiss, ob Rechts- oder Linksverkehr.*
*Ständegewimmel.*

*Sie blicken uns entgegen:*
*die Tiere,*
*getrocknete*
*und lebendige,*
*eines davon*
*wird mitgenommen,*
*eine kleine Vierbeinerin,*
*von nun an die «Stiftungskatze»*
*Leo.*
*Fremdartiges Gemüse,*
*Öllampen aus Blechdosen,*
*Holzzahnbürsten,*

*auch um leere PET-Flaschen*
*wird gefeilscht.*
*Und immer wieder*
*schwarze, verkohlte Fische,*
*stechender Geruch.*
*Geruchsbombe aus*
*verkohltem Fisch,*
*rohem Fleisch,*
*Eintöpfen.*
*Tief im Gewirr der Gassen*
*unheimliche Voodoo-Stände,*
*unzählige Tierschädel,*
*Haarwedel,*
*Kuriosa.*
*Angestarrt werden*
*von Abertausenden von Gesichtern*
*als ausländisches Bijou.*
*Unzählige «Bonjours» zugerufen bekommen,*
*von Gross und Klein.*

*Die Taschen vollgepackt mit bunten Stoffen,*
*eine fürs Auge überwältigende Vielzahl an*

# Farben, Mustern, Materialien.

# Bar.

*Nach getaner Arbeit*
*den Abend draussen vor einer Bar ausklingen lassen.*
*Einem Fussballspiel vor unserem Tisch zusehen.*
*Das Netz:*
*von einzelnen Schnüren zusammengehalten.*
*Die Beleuchtung:*
*ein Scheinwerfer,*
*das Licht eines herumfahrenden Motorrads.*
*Das Spiel:*
*aggressiv, leidenschaftlich, mit Herzblut.*

*Beiz-Leben,*
*umrahmt von*
*spontanen Tänzen und afrikanischer Musik.*
*Lachen.*
*Wir wachsen zusammen*
*als Gruppe.*

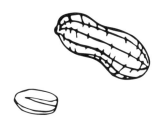

# Abends im Stammlokal Geburtstag feiern.

Wo sind denn nur die Erdnüsschen geblieben?
Motorengeknatter, das sich
aus der Ferne nähert.
Anblick einer
Alten, die auf einem altertümlichen Quad
um die Ecke
braust,
mitten durch die Gäste hindurch,
vor unserem Tisch
Halt macht,
quietschend.
Mit zwei Flaschen voller
ersehnter
Erdnüsschen in der Hand.
Schnell den Preis aushandeln,
dann braust sie wieder davon,
mit einer 180-Grad-Kehre.
Schallendes Gelächter:

## Service à la Togo!

# Der Maler.

*Besuch beim*
*togolesischen Maler*
*mit unglaublichen Kunstwerken –*
*verkauft*
*fast keine Bilder,*
*lebt*
*am Existenzminimum*
*mit Frau und fünf Kindern.*
*Bunte Bilder mit afrikanischen Motiven werden gekauft,*
*Stifte,*
*Bücher*
*an die Kinder verteilt.*

## 1. August feiern fern der Heimat,

*mit dem Schweizer T-Shirt zur Arbeit gehen,*
*am Abend*
*bei Lampionlicht*
*aus Papptellern mit Schweizerkreuz essen,*
*Frauenfürze knallen lassen,*
*die Schweizer Nationalhymne singen.*

# Abschlusszeremonie.

*Abschluss feiern auf dem Gelände*
*des künftigen Augenspitals.*
*Die ganze aufgebotene Prominenz der Stadt ist da,*
*der Préfet,*
*der Maire,*
*Père Théo,*
*die Spitaldirektorin,*
*der Gesundheitsminister.*
*Musikalische Darbietungen*
*des Blindenheims Togoville,*
*Reden werden gehalten,*
*Danksagungen,*
*Zusicherungen abgegeben,*
*sich weiterhin für das Projekt einzusetzen.*

Gemeinsam werden
Bäume gepflanzt
auf dem Spitalareal.

Mögen die Samen aufkeimen!
Mögen ihre Wurzeln spriessen,
sich verankern,
die Triebe emporschiessen
und gute Frucht hervorbringen!

Die massgeschneiderte Kleidung
wird abends anprobiert,
alle strahlen
in ihrer
farbenfrohen
Pracht.

*Selbst die Frontwand*
*des Spitals*
*erscheint dank dem einwöchigen Kunstprojekt*
*mit 21 Kindern*
*in neuem Gewand.*

## Abschied nehmen.

*Der letzte Arbeitstag,*
*das letzte Mal*
*von erwartungsvollen Gesichtern,*
*farbigen Gewändern*
*im Wartesaal*
*begrüsst werden.*

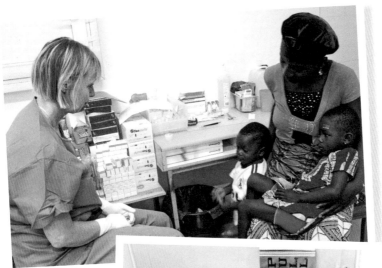

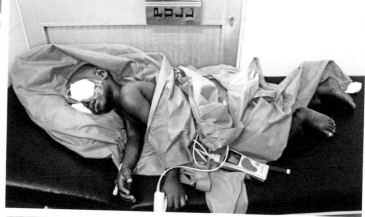

Der letzte Arbeitstag,
zum letzten Mal
werden Patient:innen vorbereitet,
Sauerstoffwerte überwacht,
Instrumente gereicht,
neue Linsen eingesetzt.
Die letzten Venflons werden gelegt,
die letzten Katarakte operiert.

Die ersten «Au revoirs» fallen,
die ersten Tränen fliessen,

die ersten Verabschiedungen sind überstanden.

Eine Frau,
allein,
schluchzend im Wartezimmer,
sie wollte ihre Augen auch operiert haben,
doch sie kam zu spät.
Unsere Arbeit
getan,
alles aufgeräumt.

Ihr Schluchzen wird durch nichts gemildert,
auch das Versprechen, sie zu operieren,
wenn wir wiederkommen,
kann sie nicht beruhigen.

Zurück bleiben
zwei Mikroskope,
ein Untersuchungstisch mit Spaltlampe,
Autorefraktometer,

*Pulsoxymeter,*
*viele Medikamente*
*und einiges mehr.*

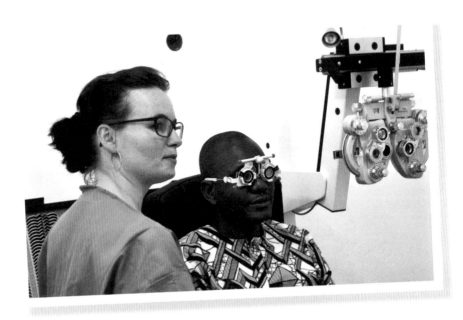

# Der letzte Rundgang

*durchs Spital.*
*Abschied und Neubeginn,*
*Tod und Wiedergeburt,*
*wer sät, der erntet:*
*das Pflanzen eines Baums*
*im Garten der Unterkunft.*

*Zum letzten Mal*
*die blühende Landschaft mit den vielen Palmen,*
*den roten Strassen*
*bewundern.*

*Zum letzten Mal
vom Hahnenschrei aus dem Schlaf
gerissen werden.*

Das letzte Mal Togo-Duft.

Packen,

*die letzten Nachkontrollen erledigen.
Der Vorhang schliesst sich:*

# Akpe kaka! Vielen Dank!

# Zwischenhalt. Paris.

*Flughafen Charles de Gaulle.*

Menschen
eilen,
alles strotzt nur so
vor
Sauberkeit.
Enorme Auswahl an
Geschäften, riesiges Angebot und
Eleganz.
Die roten Strassen, die Menschen
aus Togo
weit hinter uns,
nur noch eine
ferne Erinnerung.
Die strahlenden Gesichter,
die Dankbarkeit der Menschen,
für immer
in unseren Herzen,
überwinden
die Distanz.

*Zu Hause. Schweiz.*
*Das Abenteuer vorbei,*
*zurück in den gewohnten Trott.*
*Das innere Auge immer offen*
*für die Menschen in Togo,*
*für weitere Projekte,*
*Pläne,*
*Wohltätigkeitsveranstaltungen.*

*Die Reise ist zu Ende*
*und*
*wartet*
*auf eine Fortsetzung,*
*so Gott will.*

# NACHTRAG ÜBER DAS (UN)ENDLICHE

## Zurück zu einer spirituellen Ökonomie

Ein Nachtrag über das (Un)endliche drängt sich auf, da das Adverb «endlich» zigmal in den Tagebüchern vorkommt.

Endlich. Mit diesem Adverb wird ausgedrückt, wie wir Schweizer:innen das Leben verstehen: als Rasen von einer Etappe zur nächsten, von A nach B. Es gilt, vorwärts- und anzukommen. Leben unter kapitalistischen Vorzeichen – die Schweiz ist zutiefst kapitalistisch – heisst bangen nach dem Endlichen, dem Fertigen: Es geht um Zahlen und Fakten. Das merkt man auch den Togo-Tagebüchern an. Der Erfolg der Gruppe bemisst sich für die Tagebuchschreiber:innen an der Zahl der erfolgten Katarakt-Operationen. Die Einheimischen begreifen das Leben anders: als Summe einzelner Etappen. Der Weg ist das Ziel. Unterwegssein wird so zum Genuss. Um es mit John Lennon auszudrücken: «Leben ist das, was geschieht, während du eifrig dabei bist, Pläne zu schmieden.» Für die Togoles:innen geschieht Leben auch – oder gerade – während Pannen und Verzögerungen. Sie leben den Moment, während wir gedanklich immer schon einen Schritt weiter sind. Konfrontiert mit «Untätigkeit» und «verschwendeter Zeit», fühlen wir uns ausgebremst, weil wir zu warten gezwungen werden – das Schlimmste für uns Schweizer:innen. Minuten sind ein kostbares Gut, alles muss wie am Schnürchen laufen, sonst hat man versagt. Dass, während ein Arzt unerwartet ins Zimmer rennt, der Strom ausfällt, erscheint uns katastrophal, doch rückblickend sind es gerade diese Momente, die das Leben bereichern, ihm Würze verleihen. Der Ausruf: «Afrika, Afrika, Afrika, warum bist du nur so langsam?», der im Tagebuch 2016 steht, hat seine Wurzeln tief im Kolonialismus. Deutsche Missionare klagten im 19. Jahrhundert über die «Faulheit des Afrikaners». Die nördlichen Länder

Europas und die USA sind zutiefst vom Protestantismus geprägt. Das protestantische Ethos ist ein Arbeitsethos, in Abgrenzung zur Antike und zum katholischen Mittelalter am Vorabend der Reformation, als Müssiggang gang und gäbe war. Ein protestantisches Arbeitsethos zu pflegen hat nichts mit gelebter Religion oder gelebtem Protestantismus zu tun: Unsere kulturelle DNA ist unbewusst seit 500 Jahren davon geprägt (Jahrestag der Reformation ist der 31.10.1517): Arbeit und Fleiss, die Früchte harter Arbeit werden als Segen, Faulheit und Nichtstun dagegen als Laster angesehen.[10]

Vor diesem Hintergrund wird verständlich, warum Nordamerikaner und Europäer vor allem der nördlichen Breitengrade von einer Quantophrenie geprägt sind, wie der senegalesische Autor, Musiker, Ökonom und Sozialwissenschaftler Felwine Sarr in seinem Essay «Afrotopia» (2016) schreibt. Nordamerikaner und Europäer seien davon getrieben, alles zu zählen, zu bewerten und zu quantifizieren.[11] Dies sehe man auch den Indices wie dem Bruttoinlandprodukt (BIP) an, die ein Land zwar ökonomisch bewerten, aber nicht nach Glück und Zufriedenheit. Ein Bruttonationalglück kennt Bhutan seit dem 17. Jahrhundert – es ist sogar in der Verfassung verankert.[12] Die Zufriedenheit der Bevölkerung wird unter anderem nach Kultur, Religion, Bildung, Nachhaltigkeit und Ökologie gemessen. Seit 2019 hat Neuseeland als erstes Land ein Well-Being-Budget für Bereiche wie psychische Gesundheit, Zufriedenheit und Ökologie.[13] Es gibt noch eine andere Methode, das Bruttonationalglück zu messen: Die Suizidrate ist in der Schweiz fast doppelt so hoch wie in Togo (14,5 resp. 8,8 Suizidfälle pro 100 000 Einwohner:innen, Stand 2019). Reiches Land = unglückliches Land, armes Land = glückliches Land? Das lässt sich so nicht sagen, wenn man die Suizidraten nach Ländern konsultiert. Warum sich jemand das Leben nimmt, hängt mit mehreren Faktoren zusammen. Unter den Wirtschaftsländern, die eine noch höhere Suizidrate

---

10  Guenter Rutkowski, Die deutsche Medizin erobert Togo
11  Felwine Sarr, Afrotopia
12  de.wikipedia.org/wiki/Bruttonationalglück,
Bruttonationalglück, Tagesschau-Podcast, youtube.com/watch?v=AP4xnbdxakE
13  de.wikipedia.org/wiki/Wellbeing_Budget

aufweisen als die Schweiz, finden sich Österreich, Japan, die USA und Belgien. Aus dieser Stichprobe von Industrieländern mit hohem BIP (sie gehören zu den Top 30) lässt sich zumindest schliessen, dass Geld allein nicht glücklich macht.[14]

Das Endliche ist vergänglich – beim Lesen der Togo-Tagebücher merkt man: Die Togoles:innen strecken sich nach dem Unendlichen, das während der schmerzhaften Geburt eines Kindes besungen wird. Wir sind endlich. Während wir hetzen, verpassen wir das Wunder des Lebens. Es hat etwas Ironisches, dass wir Europäer:innen nach Afrika gehen müssen, um spirituelle Einsichten zu erlangen. Felwine Sarr sieht genau darin die Stärke Afrikas. Gerade Afrikas Spiritualität sei die grösste Ressource des Kontinents. Sarr versteht Spiritualität im weitesten Sinn als Gesellschaftskitt: gegenseitiges Vertrauen, gemeinsame Werte, Traditionen und Kulturen – kurz: alles, was Gemeinschaft und Zusammenhalt fördert. Weiter schreibt Sarr, dass erst Spiritualität unserem Leben Sinn verleihe. Die Ökonomie in den USA und in Europa müsse im Gegensatz zu bisher in einen ganzheitlichen Lebenssinn reintegriert werden. Die Folgen einer US-europäischen Ökonomie seien verheerend: Sie sei zum alles bestimmenden Faktor geworden und habe in den westlichen Ländern zu Vereinzelung, Vereinsamung und ausbeuterischem Kapitalismus sowie Umweltzerstörung geführt. Spiritualität ist demnach eng mit Ökologie verbunden und hält das Lebensnetz (Um)welt, Tier und Mensch zusammen. Eine spirituelle Ökonomie versteht den Menschen nicht als allein herrschendes Individuum, sondern als Glied eines grossen Ganzen. Felwine Sarr zitiert Nelson Mandelas Ausspruch aus der Ubuntu-Philosophie Subsahara-Afrikas: «Ich bin, weil wir sind.»[15]

Allerdings ist am senegalesischen Denker Sarr zu kritisieren, dass, wenn er von einer Spiritualität Afrikas spricht, er sich unausgesprochen an den traditionellen Religionen eines Afrikas südlich der Sahara orientiert: Sein Essay müsste

---

14  de.statista.com/statistik/daten/studie/242337/umfrage/laender-mit-den-hoechsten-suizidraten-nach-geschlecht/

15  Mit Subsahara-Afrika ist die Region südlich der Sahara gemeint. Die Westsahara, Marokko, Algerien, Tunesien und Libyen (diese fünf bezeichnet man als Maghrebstaaten) sowie Ägypten gehören zu Nordafrika. de.wikipedia.org/wiki/Subsahara-Afrika

richtigerweise von «Afrotopia» in «Subsaharotopia» umbenannt werden. Sarr lässt die Religiosität Nordafrikas, das zur arabischen Welt gehört und vorwiegend islamisch ist, komplett aussen vor. So ist bspw. laut Afrobarometer für 78% der Algerier:innen ihre Religion sehr wichtig (Muslime machen dort annähernd 100% der Bevölkerung aus).[16] Laut der Organisation Open Doors, welche die Länder nach Schweregrad der Christenverfolgung rangiert, ist Ägypten auf Platz 20, Algerien auf 22, Marokko auf 27, Tunesien auf 37. Je tiefer die Platzzahl, desto schlimmer. Es geht nicht darum, dem Islam die «Schuld zu geben», wohl aber verbreitet der terroristische Islamismus weltweit Angst und Schrecken, auch hier in Europa. Auch in anderen afrikanischen Ländern wie Nigeria und Burkina Faso werden Christ:innen verfolgt, belästigt, ausgegrenzt und mit dem Tod bedroht. Auch wenn Sarr in «Afrotopia» ein friedliches Afrika-Bild zeichnet, findet der Grossteil der weltweiten Gewaltverbrechen gegen Christ:innen in Subsahara-Afrika statt, besonders in Nigeria.[17]

Nach dieser Kritik an Felwine Sarrs Essay «Afrotopia» ist mit Nachdruck zu erwähnen, dass keinesfalls ein negatives Bild des Islams oder der Religionsvielfalt gezeichnet werden soll. Es wird vielmehr für eine friedliche Koexistenz von Religionen plädiert, wie sie in einigen Teilen der Welt besteht. Wohl aber werden alle Spielarten des Terrorismus, so auch der Islamismus, aufs Schärfste verurteilt. Die linke Politikerin Sahra Wagenknecht gibt denn auch zu bedenken, dass es nicht darum gehe, wer welche Religion habe und was für Feste gefeiert würden. Zusammenleben lässt sich in Vielfalt, doch es braucht ein gemeinsames Fundament. Die Wirtschaft ist schon seit jeher interessiert, Menschen zu spalten: Wenn Menschen aufgrund von Religionsverschiedenheiten bspw. nicht gemeinsam einer Gewerkschaft beitreten, um für besser Löhne zu kämpfen, ist

---

16  afrobarometer.org
17  opendoors.de/christenverfolgung/weltverfolgungsindex/weltverfolgungsindex-karte#rangfolge
*Die Christenverfolgung wird genannt, weil 70–80% derjenigen, die wegen ihres Glaubens verfolgt werden, bekennende Christ:innen sind.*
*de.wikipedia.org/wiki/Christenverfolgung*
*opendoors.ch/news/weltverfolgungsindex-2022-afghanistan-ist-der-gefahrlichste-ort-um-christ-zu-sein*

das Ziel erreicht. Wo Zwietracht und Spaltung herrschen, lacht immer ein Dritter. Am Ende geht es nicht um persönlichen Glauben und Religion, sondern um Geld, Macht und Politik. Religion wird leider immer wieder missbraucht, um ideologische Strukturen zu etablieren, negative Emotionen zu schüren und Menschen einander zu entfremden.[18]

Deshalb ist eine spirituelle Ökonomie nicht zwingendermassen eine religiöse, sondern eine, die Menschen unabhängig von Herkunft, Religion und Geschlecht verbindet, weil sie sich einander und der Gesellschaft zugehörig fühlen, in der sie leben.

# KATARAKT-OPERATIONEN IN VOGAN

## Die geplante Augenklinik *Que Tu Voies*

Unter Afrika verstehen wir bleichen Schweizer:innen Sun, Love and Fun, gute Laune, Safari und Strand. Früher ging man (abgesehen von der Safari), um in Genuss dieser Dinge zu kommen, nach Italien, das in den 1950er-Jahren in den Köpfen der Deutschschweizer:innen noch ganz weit weg lag. Heute hat sich das, was wir als exotische Feriendestinationen verstehen, weiter südlich, östlich oder westlich verlagert. Die Welt ist grösser geworden und das Fremde damit in noch weitere Ferne gerückt.

Die primären Stiftungsaktivitäten von *ToGo opening eyes* konzentrieren

---

18 *Sahra Wagenknecht, Die Selbstgerechten*

sich auf die kostenlosen Katarakt-Operationen, die zweimal pro Jahr in Vogan durchgeführt werden. Die Augenabteilung wird zudem ganzjährig in Betrieb genommen. Spender:innen in der Schweiz können mit 65 bis 150 CHF eine Katarakt-Operation finanzieren (bei einem Kind ist die OP teurer, da es anders als Erwachsene eine Vollnarkose benötigt). In Spendenaufrufen wird einfachheitshalber von 50 CHF gesprochen, da dies ein Betrag ist, den sich viele leisten können und bereit sind zu geben.

Die Stadt Vogan, in der die von der Stiftung eingerichtete Augenabteilung betrieben wird, liegt 60 Kilometer nordöstlich der Hauptstadt Lomé an maritimer Lage. Die Studenten David Albrecht und Nils Romer (Bachelor International Relations, BARI, Genf) haben einen Kurzfilm über die wirtschaftliche Entwicklung in peripheren Regionen von Städten gedreht und zu diesem Zweck *ToGo opening eyes* und die Stadt Vogan porträtiert. Der Film ist auf der Homepage und unter Über uns/Links auf stiftung-togo.ch abrufbar. Vogan wurde ganz im Gegensatz zu Grossstädten wie Lomé kaum von infrastrukturellen und baulichen Veränderungen erfasst, die durch die Globalisierung angestossen wurden. Die Stadt hat etwas mehr als 1000 Einwohner:innen und ist am besten bekannt für ihren grossen Voodoo-Markt, der Besucher:innen aus den angrenzenden Regionen anzieht. Die Studenten haben die Entwicklungszusammenarbeit von *ToGo opening eyes* in Bezug auf drei Aspekte untersucht:

1) **Nachhaltigkeit** aufgeteilt in

    a) technologische Komponente

    b) soziale Komponente

2) **Lokale Bevölkerung vor Ort**

3) **Globale Ebene**

Für die technologische Nachhaltigkeit ist Uta Junghardt (junghardtarchitects GmbH) zuständig, die den Bau der künftigen Augenklinik in Vogan plant. Inspiriert wurde ihr Vorhaben unter anderem durch den aus Burkina Faso stammenden und in Berlin lebenden Architekten Diébédo Francis Kéré (*1965). Für seinen einzigartigen Baustil erhielt er zahlreiche Preise, unter anderem den Swiss Architectural

Award sowie den renommierten Pritzker Architecture Prize 2022. Vor seinem Architekturstudium in Berlin absolvierte er in seiner Heimat eine Schreinerlehre, die er in Deutschland abschloss, bevor er seine Matura nachholte. In Burkina Faso wurde er in der traditionellen Bauweise seiner Heimat ausgebildet. In Berlin führt er das Architekturstudio Kéré Architecture, das internationale Bauprojekte realisiert, so auch in Entwicklungsländern wie seiner Heimat Burkina Faso.[19] Kérés Baustil, der Naturmaterialien verwendet und auf die Bedürfnisse der Bevölkerung vor Ort eingeht, ist ein ideales Vorbild für die geplante Augenklinik der Stiftung *ToGo opening eyes*. Angesichts wiederkehrender Überschwemmungen muss das Baumaterial nicht nur nachhaltig, sondern auch wasserresistent sein. Deshalb hat Uta Junghardt mit dem togolesischen ETH-Absolventen Gnanli Landrou zusammengearbeitet, dessen Unternehmen Oxara einen nachhaltigen und wasserresistenten Lehmbeton ohne Zement herstellt (Cleancrete). Dieser wird beim Bau der Augenklinik zur Verwendung kommen. 2019 zählte das Magazin «Forbes» Dr. Landrou zu den 30 einflussreichsten Jungunternehmer:innen unter 30.[20] Landrous Erdbeton ist nicht nur umweltfreundlich, sondern auch günstiger als herkömmlicher Beton, da er aus Aushubmaterial besteht, das ansonsten auf der Deponie landen würde.[21]

Die soziale Nachhaltigkeit ist durch die umweltfreundliche, bereits erprobte und auf die Bedürfnisse der Bevölkerung zugeschnittene Bauweise ebenfalls gewährleistet. Die lokale Bevölkerung profitiert von der Klinik, da diese ihr über einen Zeitraum von 15 Jahren schrittweise übergeben wird. Dazu gehören auch Ausbildung, Einführung und Begleitung lokaler Augenärzt:innen sowie weiterer Mitarbeitenden. Die Augenklinik soll von Togoles:innen für Togoles:innen sein.

Auf globaler Ebene wird die nach dem neusten Stand der Technik eingerichtete Augenklinik ein leuchtendes Beispiel sein für weitere ihrer Art und laut Armin Junghardt ihre Strahlkraft bis nach Benin, Ghana und Burkina Faso

19 de.wikipedia.org/wiki/Diébédo_Francis_Kéré
20 ethz.ch/de/news-und-veranstaltungen/eth-news/news/2019/02/portrait-gnanli-landrou-oxara.html
21 Bont, Augenklinik Que Tu Voies, stiftung-togo.ch, Links

entfalten. Sicherlich werden so auch andere NPOs[22], die auf medizinischem Gebiet tätig sind, auf die Augenklinik aufmerksam. Für die Stiftungsarbeit bedeutet das konkret, dass eine gelungene Investition immer modellhaften Charakter hat und auch dann überlebt, wenn es die Stiftung nicht mehr geben sollte.

---

22 NGO (Nicht-Regierungs-Organisation)/NPO (Non-Profit-Organisation): Beides sind gemeinnützige Organisationen und daher nicht profitorientiert. In diesem Buch werden ausschliesslich NPOs behandelt, zu denen auch gemeinnützige Stiftungen wie ToGo opening eyes zählen.
npo-jobs.ch/npo-ngo

*Visualisierung der geplanten Augenklinik Que Tu Voies*

# ARMUT IST EIN GLOBALES PROBLEM

Die allererste Frage von Valeria Sogne an den Stiftungsratspräsidenten Armin Junghardt war, warum sich seine Stiftung in Afrika engagiere – «Arme gibt es doch auch hier». Zufällig war Sognes erste Frage auch diejenige, die ihm am häufigsten gestellt wird. Seine Antworten darauf sind vielfältig. Zuerst einmal wird der pragmatische Aspekt genannt: Für eine Stiftung ist es wichtig, den direkten Bezug zum geförderten Projekt zu haben. Dieser ist durch die Zusammenarbeit mit Père Théo entstanden, der als Türöffner für Land und Leute fungiert. Ein weiterer Grund, in Togo aktiv zu sein, ist, dass jeder Franken, der dort ankommt, fünfhundertfach seine Wirkung entfaltet. Das heisst: Mit wenig Geld lässt sich viel bewirken. Wer wirklich etwas für die Ärmsten dieser Welt tun will, bleibt nicht bei uns in der reichen Schweiz, sondern geht in die Gegenden, die besonders von Armut und Korruption betroffen sind (siehe Human Development Index und Corruption Perceptions Index Seite 230).

Nebst Armin Junghardts ausgeprägtem Pragmatismus schwingt in seinem Engagement auch viel Lebensfreude und Abenteuerlust mit. Er verbindet gern das Nützliche mit dem Erfreulichen: «Wenn du das Abenteuer suchst, gehst du nach Afrika. Wir Schweizer:innen suchen nicht das Abenteuer, wir suchen die Sicherheit.» Beim letzten Aspekt, weshalb er in Togo Entwicklungszusammenarbeit leistet, musste Armin Junghardt etwas länger nachdenken: «Armut ist ein globales Problem, das kannst du nicht nur innerhalb der eigenen Landesgrenzen in den

Griff bekommen.» Die Armut hier vs. die Armut dort: Je weiter entfernt etwas von uns liegt, je weniger es uns angeht, desto weniger können wir uns etwas darunter vorstellen, und es stellt sich die Frage, «was es denn nützt». Der emotionale Aspekt ist von grosser Bedeutung für freiwilliges Engagement. Das lateinische Verb movere bedeutet bewegen; Emotion leitet sich von der Perfektform ab: emotus, daher [es ist] bewegt. Wenn wir emotionale Verbundenheit mit Menschen und einem Projekt verspüren, sind wir bewegt: Und erst dieses Bewegtsein bringt uns in die Handlung. Auf globaler Ebene bedarf es einer grossen Anstrengung, damit wir uns verbunden fühlen. Denn wir müssen uns erst einmal vergegenwärtigen, dass wir alle im gleichen Boot resp. auf der gleichen Erdkugel sitzen. Entwicklungszusammenarbeit und -politik sind aktuell, da sie sich mit den immer gleichen ungelösten globalen Problemen befassen. Die grossen Probleme unserer Zeit sind dieselben wie die vor 50 Jahren. Der Physiker Fritjof Capra bemerkte vor knapp 20 Jahren, dass diese nicht als Einzelphänomene nebeneinanderstehen, sondern als systemische Probleme zu betrachten sind. Die Worte systemisch oder System stammen vom griechischen systema (σύστημα), was Zusammenstellung bedeutet. Dinge systemisch zu verstehen heisst, sie in einen Kontext, in einen Zusammenhang zu stellen, das Wesen ihrer Beziehungen zu erfassen. Systemische Probleme sind miteinander verbunden und wechselseitig voneinander abhängig:[23] Pandemien, Wachstum der Weltbevölkerung, Armut, Flucht und Migration, zunehmender Ressourcenverbrauch und Klimawandel. Was die zwei letzten Punkte betrifft: Würden alle so leben und wirtschaften wie wir in den Industrienationen, bräuchte es zwei Erdkugeln. Schon jetzt bedeutet dieser einseitige Überfluss, dass Ressourcen und besonders Nahrungsmittel in vielen Ländern fehlen. Zudem sind auch beim Thema Globalisierung westliche und asiatische Länder die Gewinner. Besonders Entwicklungsgebiete wie Afrika leiden unter der Kehrseite, unter Umweltzerstörung und prekären Arbeitsbedingungen in vielen globalen Lieferketten.[24]

---

23  *Fritjof Capra, Lebensnetz*
24  *bmz.de/de/entwicklungspolitik/reformkonzept-bmz-2030*

Entwicklungszusammenarbeit fördert den Aufbau der weltweiten Wirtschaft. Positive Konsequenzen sind, dass in Ländern, in denen Perspektivenlosigkeit für die Jugend, Arbeitslosigkeit und Armut herrschen, Menschen nicht zu einer teils gefährlichen Auswanderung (oft nach Übersee) ins vermeintliche Eldorado Europa gezwungen werden. Die hohe Zahl an Wirtschaftsflüchtlingen (meist junge Männer auf der Suche nach einer besseren Zukunft) – besonders aus den Maghrebstaaten[25] –, die es nach Europa zieht, ist auch das Resultat der Kolonialisierung im 19./20. Jahrhundert: Die Maghrebstaaten Marokko, Algerien, Tunesien und Teile Libyens waren von den Franzosen kolonialisiert, die Westsahara und Teile Marokkos von den Spaniern und Libyen von den Italienern.[26] Doch der grösste Treiber, oft illegal nach Europa zu emigrieren, hat seine Wurzeln in der Globalisierung: Junge Afrikaner:innen sehen tagtäglich auf ihren Smartphones Bilder von Freizeit und Konsum in Europa. Es erstaunt daher kaum, dass Emigrant:innen aus ehemaligen Kolonialgebieten der geografischen und sprachlichen Nähe wegen nach Europa einwandern. Die Massenemigration aus dem Maghreb hängt insofern mit Togo und weiteren afrikanischen Ländern südlich der Sahara zusammen, als eine Emigration aus der Subsahara nach Europa stattfindet: Während Maghrebiner direkt nach Europa wollen, wählen Menschen südlich der Sahara erst einmal den Weg nach Nordafrika, wo sie auf ihrer Reise nach Europa häufig hängenbleiben und ein Schattendasein am Rand der Gesellschaft fristen.[27] Die Entwicklungszusammenarbeit der EU und der Schweiz indes bleibt ein Tropfen auf den heissen Stein: Anstatt in die Wirtschaft der Maghrebstaaten und der Staaten südlich der Sahara zu investieren und Jungunternehmen zu fördern, wird Geld in die unbürokratische Rückführung der Wirtschaftsflüchtlinge investiert. Die Entwicklungszusammenarbeit besteht vorwiegend aus Materialspenden. Zudem geben die EU und die Schweiz Millionen für die nordafrikanische Küstenwache

---

25  Als weiterführende Literatur der Edition NZZ Libro ist wärmstens zu empfehlen: Beat Stauffer, Maghreb, Migration und Mittelmeer.

26  de.wikipedia.org/wiki/Wettlauf_um_Afrika

27  Stauffer, Maghreb, Migration und Mittelmeer

und die europäische Grenz- und Küstenwache Frontex aus.[28] Während Valeria Sogne diese Zeilen schrieb, lief bis zum 20. Januar 2022 das Referendum gegen den Entscheid des Schweizer Parlaments, dass Steuergelder in Höhe von 61 Mio CHF an Frontex gehen sollten. Auf frontex-referendum.ch spricht sich Pierre Bühler, emeritierter Theologieprofessor und Mitglied der Koordinationsgruppe der migrationscharta.ch, dezidiert gegen Frontex aus: Die Grenz- und Küstenwache missachte Menschenrechte, indem sie Menschen sich selbst überlasse und diese im Mittelmeer verenden würden.[29]

In Europa angekommen, «wo alles besser ist», werden migrantische Personen häufig ausgenutzt: Sie vergleichen den Lohn stets mit demjenigen ihres Herkunftslands und werden somit ideale Opfer von Überstunden und schwerer körperlicher sowie unterbezahlter Arbeit in Fabriken, Pflegeheimen, Transportunternehmen und im Service. Aufgrund der anfangs ungenügenden Sprach- und Arbeitsrechtskenntnisse und der Angst vor dem Arbeitslosen- oder Sozialamt fristen migrantische Arbeitnehmende häufig ein Dasein als Entrechtete. Wenn gut qualifizierte Fachkräfte wie Ärzt:innen, Ingenieur:innen und Informatiker:innen ihr wirtschaftlich schwaches Herkunftsland verlassen, spricht man von einem Braindrain: Die fachliche und akademische Elite, die zur positiven Entwicklung des eigenen Landes beitragen sollte, wird von westlichen Ländern abgesogen.[30] Zu einem Braindrain kam es bei der Machtübernahme von Faure Gnassingbé, Sohn des verstorbenen Diktators Gnassingbé Eyadéma, im Jahr 2005: Die Elite des Landes verliess Togo, um nach Frankreich und Deutschland zu emigrieren.

Nachhaltige Entwicklungszusammenarbeit und -politik hilft Menschen direkt vor Ort oder vermittelt ihnen ein Stipendium in Industrienationen, damit sie ihr angeeignetes Wissen in ihrem Herkunftsland anwenden. Ein Beispiel für eine solche mittelbare Unterstützung vor Ort ist bereits erwähnt worden: Diébédo Francis Kéré, der in Burkina Faso als eines von 13 Geschwistern aufgewachsen

28  nzz.ch/meinung/massenmigration-aus-dem-maghreb-europa-sollte-vorausschauen-ld.1605532
29  frontex-referendum.ch/2021/12/30/es-darf-kirchen-und-den-christinnen-nicht-egal-sein-wenn-menschenrechte-verletzt-werden/
30  Wagenknecht, Die Selbstgerechten

ist. Ohne Stipendium hätte er weder seine Schreinerlehre in Deutschland beendet noch seine Matura nachgeholt. Seine Bauprojekte sind heute international grosse Vorbilder für ein ökologisch nachhaltiges Architekturwesen, insbesondere in der Entwicklungszusammenarbeit. Seine Kenntnisse fliessen zurück in sein Herkunftsland Burkina Faso und tragen dort zu dessen positiver Entwicklung bei.

# MENSCHEN FÜR EINE IDEE GEWINNEN
## Der Stiftungsbaum wächst

Die Stiftung *ToGo opening eyes* wäre nicht vorstellbar ohne die vielen Menschen, die sie nach aussen sichtbar machen. Da wäre zum einen die formelle Organisation, die aus dem Stiftungsrat und seinem Präsidenten besteht. Seit den Anfängen der Stiftung 2014 hat der Stiftungsbaum aber auch weitere Triebe entwickelt: Menschen sind dazugestossen, die dazu beitragen, dass die Stiftung und ihre Arbeit zu einem immer stärker werdenden Baum mit vielen Verästelungen heranwachsen, damit die Vögel, das geplante Spital in Vogan und all die Menschen, denen durch Katarakt-Operationen geholfen wird, darin nisten können. Zu diesen Verästelungen im Stiftungsbaum gehört bspw. die Stiftungsablegerin *Niggi hilft Togo*, gegründet von Nicole Wiederkehr, von Beruf TOA (Technische Operations-Assistentin). Immer wieder unternimmt dieser Seitenast Grossartiges, um die Stiftung in ihrem Aufblühen zu unterstützen. Besonders aufgefallen ist die Spendensammelaktion «Höhenmeter für Togo» 2021: Gemeinsam mit Ehemann Rolf, Schwester und Schwager bestieg Nicole Wiederkehr den Kilimandscharo. Spendenwillige konnten auf eine:n der vier Bergsteiger:innen setzen und pro Höhenmeter einen Rappen für das Projekt spenden: Dadurch wurde ein beträchtlicher Betrag generiert, welcher der Stiftung *ToGo opening eyes* zugutekam. Zu erwähnen ist auch der grosse Einsatz von Augenärztin Dr. med. Dominique Mustur, die vor der Coronapandemie gar für mehrere Wochen ihre Praxis schloss, um sich in Togo zu engagieren.

Natürlich sind da noch viele andere, die durch tatkräftiges Mitanpacken oder Spenden dazu beigetragen haben, dass *ToGo opening eyes* zu einer kleinen Stiftung – Stand Kapital 2021: 380 000 CHF – mit grosser Wirkung herangewachsen ist: mit dem Ziel, an Vermögen zuzulegen und noch grössere Wirkung zu erzeugen! Wer meint, das sei viel Geld, wird durch einen Blick auf das Durchschnittsvermögen von Schweizer Stiftungen eines Besseren belehrt: 1 Mio. CHF, wobei Stiftungen mit einem Vermögen unter 10 Mio. CHF immer noch als klein gelten. Zu diesen zählen 80% der Stiftungen in der Schweiz, darunter auch *ToGo opening eyes*. Wofür das Geld der Stiftung *ToGo opening eyes* gebraucht wird? Auf stiftung-togo.ch gibt es einen Hinweis dazu: Unter den Presseinfos findet sich ein Bericht über die ersten Reisen freiwilliger Helfer:innen nach Togo: Von 2014 bis 2016 brauchte es ca. 100 000 CHF, die für benötigtes Material und eine nachhaltige Einrichtung aufgewendet wurden (ca. 30 000–40 000 CHF pro Jahr). Bis 2017 wurden 7 Tonnen Hilfsmaterial per Container nach Togo verschifft. Rasch waren grössere Summen nötig, um die Augenabteilung im Spital von Vogan komplett einzurichten. Ab 2017 wurden für den Erhalt der Abteilung und vor allem für die Durchführung der Operationen 100 000–150 000 CHF jährlich benötigt.[31] Und die Kosten werden insbesondere durch den Bau des geplanten Augenspitals noch steigen. Allein für den Bau ist die Stiftung auf der Suche nach Fördergeldern in Höhe von 1 Mio. CHF.

---

31  Bont, Augenklinik Que Tu Voies, stiftung-togo.ch, Links

# STIFTUNGSPARADIES SCHWEIZ

Die Schweiz führt im internationalen Vergleich gleich mehrere Ranglisten an, wenn es um Wohlstand, Reichtum und Sicherheit geht: Der Human Development Index (HDI) der Vereinten Nationen[32] listet die Schweiz auf Platz 3 der wohlhabendsten Länder, gemessen an Einkommen, Lebenserwartung und Ausbildungsjahren bis 25 (Stand: 2020). Zudem zählt die Schweiz laut Korruptionsindex zu den Top 3 derjenigen Länder mit der niedrigsten Korruption (Stand 2020).[33] Und schliesslich führt der Global Peace Index die Schweiz unter den sichersten Ländern der Welt auf (Platz 14, Stand 2021).[34]

Vor diesem Hintergrund dürfte es kaum erstaunen, dass die Schweiz das Stiftungsland schlechthin ist, ein wahres Stiftungsparadies: Nirgendwo sonst (mit Ausnahme des Fürstentums Liechtenstein) gibt es pro Kopf so viel Stiftungskapital und eine derart grosse Anzahl an gemeinnützigen Stiftungen wie in der Schweiz: über 13 000 mit einem Vermögen von insgesamt 100 Mrd. CHF, wovon jährlich 2–2,5 Mrd. CHF ausgeschüttet werden.[35] Auch wenn dies nach einer Menge Geld klingt, macht das Stiftungsvermögen lediglich einen Bruchteil der Ressourcen von Staat und Wirtschaft aus.[36] Die Schweiz hat eine einmalige Stiftungsdichte: Sie verzeichnet 15,6 Stiftungen pro 100 000 Einwohner:innen. Dies sind pro Kopf gerechnet sechsmal mehr gemeinnützige Stiftungen als in den USA und in Deutschland.[37] Auch im Jahr 2022 geht der Stiftungstrend ungebremst weiter: Gemäss dem Schweizer Stiftungsreport 2021 wurde 2020 jeden Tag eine Stiftung

---

32  hdr.undp.org

33  transparency.org

34  visionofhumanity.org

35  swissfoundations.ch/wp-content/uploads/2019/07/SF_PwC_Steuerstudie_D.pdf
srf.ch/audio/treffpunkt/stiftungsland-schweiz?id=11584481

36  Georg von Schnurbein/Karsten Timmer, Die Förderstiftung

37  swissfoundations.ch/wpcontent/uploads/2019/07/SF_PwC_Steuerstudie_D.pdf

gegründet; bei 208 Liquidationen ergab dies ein Wachstum von 157 Stiftungen.[38]

Warum die Schweiz ein derart attraktiver Standort für Stiftungen ist, liegt auf der Hand: Um eine Stiftung zu gründen und am Leben zu erhalten, braucht es Geld sowie wirtschaftliche und politische Stabilität. Aber nicht nur: Auch die liberale Gesetzgebung und die Steuerbefreiung für gemeinnützige Stiftungen fördern die Freude am Stiften.[39]

## Was ist eine Stiftung?

Die Schweiz bietet optimale Bedingungen, um eine Stiftung zu gründen. Das führt zur Frage, was denn eine Stiftung überhaupt ist. Bevor auf ideologische und historische Aspekte eingegangen wird, die zentral für das Stiftungswesen sind, werden die rechtlichen Grundlagen einer gemeinnützigen, steuerbefreiten Stiftung beleuchtet. Anders ausgedrückt: Was braucht es, um eine gemeinnützige Stiftung zu gründen, und wer ist Teil davon?

## Rechtliche Grundlagen für Dummies

Die rechtlichen Grundlagen für Stiftungsgründungen können zu einem «ach, wie trocken» führen. Nach weiterer Reflexion: «gar nicht so schwer». Zumindest in der Theorie. Es gibt nur wenige Stiftungsorgane: den Stiftungsrat als oberstes Leitungs- und Organisationsorgan mit seinen Mitgliedern, dem Stiftungsratspräsidenten und den Stiftungsratsmitgliedern. Ansonsten kennt eine Stiftung im Gegensatz zu einem Verein keine Mitglieder! Der Stiftungsrat wählt eine externe Revisionsstelle, die im Wesentlichen für das Rechnungswesen und das Einhalten

---

38  NZZ, Gemeinnützige Stiftungen sind nicht teuer,
swissfoundations.ch/wp-content/uploads/2021/05/Stiftungsreport-2021_D_web.pdf
39  srf.ch/audio/treffpunkt/stiftungsland-schweiz?id=11584481

der Stiftungsurkunde verantwortlich ist. So einfach, so gut. Nichtsdestotrotz lohnt sich ein genauerer Blick auf das rechtliche Gerüst einer Stiftung. Denn die Idee, welchem gemeinnützigen Zweck Stifter:innen ihr Vermögen widmen wollen, der Name der Stiftung sowie die Leitung durch den Stiftungsrat stehen und fallen mit diesem Gerüst, das sich, einmal schriftlich ausformuliert, nur schwer bis überhaupt nicht mehr ändern lässt. Die Stiftungsgründung ist somit das A und O, mit dem Fundament eines Hauses vergleichbar. In den romanischen Sprachen wird Stiftung mit Fundament gleichgesetzt: Fondazione (it), Fondation (fr) und auch das englische Foundation bedeuten Grundlage, Fundament.[40]

Bei Adam und Eva angefangen heisst das: Die rechtlichen Grundlagen für die Stiftungsgründung stehen im Schweizerischen Zivilgesetzbuch ZGB in den Art. 80–89a. Jede Stiftungsgründung setzt die Widmung eines Vermögens für einen besonderen Zweck durch eine:n Stifter:in voraus. Das Stiftungsrecht bezeichnet die Autonomie und weitgehende Freiheit der Stifter:innen als Stifterfreiheit: Diese bezieht sich auf die Gründung, die Zweckbestimmung sowie die Gestaltung und Organisation der Stiftung.[41] Ein gesetzliches Mindestvermögen gibt es nicht: Das Vermögen muss jedoch ausreichen, um den Stiftungszweck zu erfüllen. Daher empfiehlt die Eidgenössische Stiftungsaufsicht ESA ein Startkapital von 50 000 CHF. Beim Startkapital hat der Stifter Dr. med. Junghardt 25 000 CHF in Form einer Materialspende beigetragen, die restliche Summe hat er durch weitere Spenden hinzugefügt. Stiftungszwecke gibt es wie Sand am Meer: So haben Stiftungen sich bspw. zum Ziel gesetzt, die Umwelt zu schonen, Biodiversität zu fördern, Stipendien zu verleihen, Armut zu verringern und Bildung zu fördern, um nur eine Auswahl zu nennen. Die meisten Stifter:innen sind Privatpersonen, dazu kommen Staat und Unternehmen als Gründer. Möglich sind auch Kooperationen. Im Gegensatz zu einer Fusion bleiben die Kooperationspartner unabhängig. Zu einer Kooperation kommt es am häufigsten zwischen Stiftungen, aber auch zwischen

---

40  *Von Schnurbein/Timmer, Die Förderstiftung*
41  *Elisa Bortoluzzi Dubach, Stiftungen*

Stiftungen und anderen Non-Profit-Organisationen, Unternehmen und Staat.[42]

Eine Stiftung gehört sich selbst, hat also keine Eigentümer:innen oder, wie bereits erwähnt, Mitglieder ausser Stiftungsratsmitgliedern.[43] Der Rat wird gewählt und setzt sich idealerweise aus drei bis fünf Personen zusammen, mindestens ein Ratsmitglied muss dabei in der Schweiz wohnhaft sein. In den Statuten der Stiftung *ToGo opening eyes* liegt die Mindestzahl der Mitglieder bei drei. Der Stiftungsrat von *ToGo opening eyes* setzt sich momentan aus fünf Mitgliedern zusammen, vier Ärzt:innen und einem togolesischen Priester: Dr. med. Armin Junghardt, Dr. med. Mathis Lang, Dr. med. Dominique Mustur, Dr. med. Julian Sromicki, Dr. med. Charlotte Meier Buenzli und Père Théo Sossoe (die Theologin Valeria Sogne war bis August 2022 dabei). Der Stiftungsrat sucht ein sechstes Mitglied zur Kompetenzergänzung (Management, Verwaltung, Juristisches), sodass es eventuell auch einen Vizepräsidenten oder eine Vizepräsidentin geben wird. Der Stiftungsrat ist auch für die Geschäftsführung zuständig – bei grossen Stiftungen sind Rat und Geschäftsführung idealerweise voneinander getrennt. Die Geschäftsführung ist eine Art «Verwaltung»: Zu ihren Aufgaben gehören das Planen und Vorbereiten der Ratssitzungen und die Erarbeitung der Stiftungsstrategie.[44] Der Stiftungsratspräsident ist kein Herrscher mit uneingeschränkter Macht: Wie die restlichen Stiftungsratsmitglieder kann er vom Stiftungsrat abgewählt werden. Die Amtsdauer aller Mitglieder von *ToGo opening eyes* ist statutarisch auf vier Jahre beschränkt, eine Wiederwahl ist möglich. Es besteht eine Kollektivunterschrift zu zweien: Das heisst, dass der Stiftungsratspräsident nicht allein unterschreiben kann, sondern noch ein weiteres Mitglied unterzeichnen muss, damit die Unterschrift rechtsgültig ist. Allerdings kommt dem Stiftungsratspräsidenten eine wichtige Rolle als Vorsitzender bei den Sitzungen zu: Bei Stimmenparität hat er den Stichentscheid zu fällen. Der Stiftungsrat von *ToGo opening eyes* hat aktuell einen Beisitzenden: das ehemalige Stiftungsratsmitglied Rolf Wiederkehr, der sich

---

42  Von Schnurbein/Timmer, Die Förderstiftung
43  swissfoundations.ch/stiftungssektor/stiftungsglossar/
44  curaviva-bl.ch/files/KXTMEWV/empfehlungen_fuer_stiftungraete.pdf

der Stiftungsablegerin *Niggi hilft Togo* widmet. Rolf Wiederkehr hat zwar keine Stimme bei den Sitzungen, kann jedoch als beratendes Organ dem Stiftungsrat bei der Entscheidungsfindung helfen. Der Stiftungsrat tagt idealerweise alle drei bis vier Monate, zwingend jedoch einmal im Jahr an der Hauptversammlung, an der auch die Revisionsstelle teilnimmt.

Der Stiftungsrat ist wie ein «Früchtekorb», wie der Stiftungsratspräsident treffend bemerkt. Kennzeichnend ist idealerweise eine gewisse «Biodiversität»; es geht darum, im Stiftungsrat möglichst unterschiedliche Menschen an einen Tisch zu bringen. Denn anders als bspw. eine politische oder religiöse Gruppierung ist eine gemeinnützige Stiftung inklusiv und vertritt das Wohl aller und die Interessen möglichst vieler. Deshalb sollte die Heterogenität des Stiftungsrats auch dadurch angestrebt werden, dass bspw. Stiftungsratsmitglieder untereinander nicht nahe verwandt, verschwägert, verpartnert oder verheiratet sind und es auch keine sonstigen Interessenkonflikte gibt.[45] Zwei Beispiele von Interessenkonflikten werden in Kapitel 2 anhand des Fifa-Präsidenten und Stiftungsrats Gianni Infantino und des Zewo-Stiftungsrats gegeben.

Leider entspricht ein bunt gemischter Stiftungsrat längst nicht der Realität: Der Stiftungsrat scheint eine Exklusivgesellschaft für Friends & Family zu sein, in der verwandtschaftliche Bande und Vetternwirtschaft an der Tagesordnung sind. Als Folge von Engstirnigkeit werden weder überlebenswichtige Innovationen geschaffen noch wird die Überalterung des Stiftungsrats gestoppt, indem junger Nachwuchs rekrutiert wird. Die Stiftung Board for Good, boardforgood.org, setzt seit 2020 einen Akzent für mehr Diversität: Indem sie jungen Stiftungsratsmitgliedern oder Personen, die sich für das Mandat interessieren, ein Ausbildungsprogramm im Wert von 3500 CHF finanziert, fördert sie die Zukunftsfähigkeit der Stiftungslandschaft Schweiz. Ein weiterer Weg, Diversität und Kompetenz in den Stiftungsrat zu bringen, ist, Stellen über Jobportale auszuschreiben.[46] Umgekehrt können sich Interessierte auf diesen Portalen für ein Ratsmandat bewerben. Das

---

45  Vgl. vierter Standard des Zewo-Zertifikats, zewo.ch: zewo.ch/de/die-21-zewo-standards
46  Zum Beispiel getdiversity.ch, ggg-benevol.ch, kampajobs.ch und stiftungsratsmandat.com

Durchschnittsalter der Stiftungsrät:innen von über 60 Jahren lässt sich unter anderem damit erklären, dass Ratsmandate wenig bis gar nicht entlöhnt werden. Für junge Berufseinsteiger:innen oder Menschen, die mitten im Berufsleben stehen, ist es unattraktiv, Zeit und Geld zu opfern, um ehrenamtlich in einem Stiftungsrat zu arbeiten. Als Folge der hohen Ausdifferenzierung und Professionalisierung des Stiftungsratssektors ist es heutzutage laut Dr. Georg von Schnurbein, Professor für Stiftungsmanagement an der Universität Basel, jedoch kaum möglich, nebst einer Vollzeitstelle einem Ratsmandat nachzugehen. Im September 2021 hat sich der Nationalrat für eine angemessene Honorierung von Stiftungsrät:innen ausgesprochen, ohne die Steuerbefreiung von Stiftungen zu gefährden. Der Ständerat votierte dagegen, da er befürchtete, Honorierungen führten zum Anreiz, Vetternwirtschaft zu betreiben und Geld an Freund:innen und Verwandte auszuzahlen.[47] Allerdings gibt Georg von Schnurbein zu bedenken, dass NPOs wie Stiftungen und Vereine zum Rückgrat der Gesellschaft gehörten und deshalb Geld bräuchten, um professionell Projekte zu realisieren. Er kritisiert, dass es darauf ankomme, ob die NPOs ihre Ziele tatsächlich erreichen, statt in den Medien Verwaltungs- und Administrationskosten zu nennen.[48]

Das Stiftungsvermögen ist von der Stifterin oder dem Stifter losgekoppelt: Es ist nicht länger im Besitz von jemandem, sondern wird unter die Aufsicht des Stiftungsrats gestellt, der dafür verantwortlich ist, dass das Geld für den angegebenen Zweck verwendet wird. Das Vermögen kann nicht mehr an die Stifter:innen zurückfliessen.[49] Den verschiedenen Zwecken entsprechend gibt es unterschiedlichste Stiftungen: Es wird unterschieden zwischen Förderstiftungen und operativen Stiftungen.[50] Der grösste gemeinnützige Stiftungstyp ist derjenige der Förderstiftung, der zwei Drittel aller gemeinnützigen Stiftungen in der Schweiz ausmacht. Im Gegensatz zu einer operativen Stiftung wie *ToGo opening eyes*, die eigene Projekte und Einrichtungen betreibt, vergibt eine Förderstiftung Mittel an

---

47  Katharina Schnurpfeil, *Vom Kopf her*, DIE STIFTUNG Schweiz, November 2021
48  Georg von Schnurbein, *NPOs dürfen Geld haben*
49  NZZ, *Gemeinnützige Stiftungen sind nicht teuer*
50  srf.ch/audio/treffpunkt/stiftungsland-schweiz?id=11584481

Dritte, die durch Projekte den Stiftungszweck erfüllen. Bekannte Förderstiftungen sind laut Georg von Schnurbein die Avina Stiftung, die Gebert Rüf Stiftung, die Jacobs Stiftung und die Christoph Merian Stiftung.[51] Stiftungszwecke müssen legal und sittenkonform sein sowie im Interesse der Allgemeinheit liegen und dem Gemeinwohl dienen, um die Stiftung von Steuern zu befreien.[52] Die Stiftung als Rechtspersönlichkeit entsteht erst durch den Eintrag im Handelsregister. Vermögen und Zweck der Stiftung werden in der Stiftungsurkunde festgehalten. Es empfiehlt sich, einen Zweckänderungsvorbehalt einzuführen: Ansonsten steht der Zweck der Stiftung fest und darf weder geändert noch darf diesem zuwidergehandelt werden.[53] Eine Änderung des Stiftungszwecks erfolgt auf Antrag der Stifterin oder des Stifters oder aufgrund der Verfügung von Todes wegen (in Form eines Testaments, eines Erbvertrags) nach einem Zeitraum von mindestens zehn Jahren nach Stiftungsgründung oder Änderung des Zwecks.[54] Die Auflösung einer Stiftung erfolgt ausschliesslich durch die Aufsichtsbehörde ESA. Das Vermögen der aufgelösten Stiftung fliesst an eine Organisation mit einem ähnlichen Zweck. Dies ist auch in den Stiftungsstatuten von *ToGo opening eyes* ausformuliert.

Zusammenfassend ist zu sagen, dass gemeinnützige Stiftungen sich auszeichnen durch eine a) direkte Partizipation mittels Stiftungsratswahlen, b) Pluralität und Heterogenität im Stiftungsrat, c) Perspektive auf das Gemeinwohl und Inklusion, da unabhängig von politischer/religiöser Anschauung und Herkunft, sowie d) Autonomie aufgrund der Stifterfreiheit. Damit sind sie eine «Schweiz im Kleinformat». Stiftungen sind zutiefst neutral, da sie sich zumindest nicht direkt in die Politik einmischen. In Ländern wie Grossbritannien und Deutschland beteiligen sich Stiftungen stärker am politischen Diskurs. Der Gedanke dahinter ist, die staatliche (Ausgaben-)Politik zugunsten der Zielgruppen (bspw. Minderheiten, Immigrant:innen und Niedriglohnarbeiter:innen) zu verändern und damit

---

51  *Von Schnurbein/Timmer, Die Förderstiftung*

52  *swissfoundations.ch/wpcontent/uploads/2019/07/SF_PwC_Steuerstudie_D_Steuerbe- freiung_Kapitel3.pdf*

53  *edi.admin.ch/edi/de/home/fachstellen/eidgenoessischestiftungsaufsicht/beratung/mustervorlagen--urkunde-und-reglement.html*

54  *eskript.ius.unibas.ch/wp-content/uploads/sites/35/2017/01/leitfaden_fuer_stiftungen__eidgenossische_stiftungsaufsicht.pdf*

mehr zu bewirken, als dies eine Stiftung im Einzelnen könnte.[55] Die Schweiz ist vorsichtiger, da kritische Stimmen immer wieder die Steuerbefreiung von NPOs anfechten, zu denen auch Stiftungen gehören. Manche NPOs stehen unter dem Verdacht, indirekt Steuergelder zu erhalten, die eigentlich der Allgemeinheit zustünden und gebraucht würden, um politisches Lobbying zu betreiben. Letzteres würde dem inklusiven Charakter von NPOs und somit der Gemeinnützigkeit widersprechen, die zur Steuerbefreiung führt, so die Argumentation gegen politische Meinungsmache. Genauer wird auf dieses Thema in Kapitel 2 eingegangen.

## Checkliste für künftige Stifter:innen[56]

1. Name und Sitz der Stiftung festlegen

2. Zweck der Stiftung bestimmen (eine Änderung ist erst nach zehn Jahren möglich!)

3. Beratung in Anspruch nehmen, bspw. bei den Dachverbänden Profonds, SwissFoundations und Dachstiftungen

4. Langfristige Finanzplanung

5. Aufsuchen einer Rechtsanwältin/eines Notars: Erstellung und Beglaubigung einer Stiftungsurkunde und eines Reglements mit Angaben zu Stiftungsname, -sitz, -zweck, -vermögen und Personalien des Stiftungsrats

6. Vorprüfung von Urkunde und Reglement durch die Aufsichts- und Steuerbehörde

7. Wahl der Revisionsstelle

8. Beantragung der Übernahme der Stiftungsaufsicht (behördlicher Akt, durch den die Aufsicht übernommen wird)

9. Eintrag ins Handelsregister

10. Beantragung Steuerbefreiung bei den Steuerbehörden, sofern es sich um eine gemeinnützige Stiftung handelt

---

55 *Von Schnurbein/Timmer, Die Förderstiftung*
56 *https://www.edi.admin.ch/edi/de/home/fachstellen/eidgenoessischestiftungsaufsicht/beratung/mustervorlagen--urkunde-und-reglement.html*

Das Stiftungsorganigramm für die visuell Orientierten unter uns …

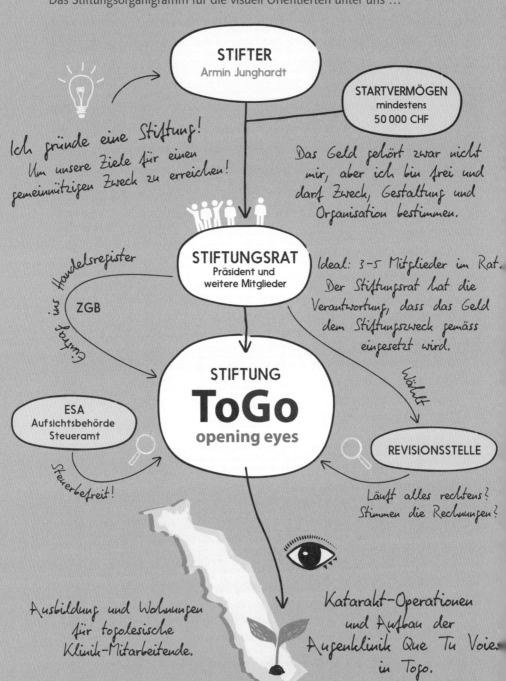

**STIFTER**
Armin Junghardt

**STARTVERMÖGEN**
mindestens
50 000 CHF

Ich gründe eine Stiftung!
Um unsere Ziele für einen
gemeinnützigen Zweck zu erreichen!

Das Geld gehört zwar nicht
mir, aber ich bin frei und
darf Zweck, Gestaltung und
Organisation bestimmen.

**STIFTUNGSRAT**
Präsident und
weitere Mitglieder

Eintrag ins Handelsregister

ZGB

Ideal: 3–5 Mitglieder im Rat.
Der Stiftungsrat hat die
Verantwortung, dass das Geld
dem Stiftungszweck gemäss
eingesetzt wird.

**STIFTUNG**
**ToGo**
**opening eyes**

**ESA**
Aufsichtsbehörde
Steueramt

Steuerbefreit!

wählt

**REVISIONSSTELLE**

Läuft alles rechtens?
Stimmen die Rechnungen?

Ausbildung und Wohnungen
für togolesische
Klinik-Mitarbeitende.

Katarakt-Operationen
und Aufbau der
Augenklinik Que Tu Voies
in Togo.

... und auch noch in Textform ...

## Die Stiftungsorgane und die externe Aufsicht

Die Aufgaben des Stiftungsrats als oberstes Stiftungsorgan sind: die strategische und die organisatorische Leitung der Stiftung im Sinne des Stiftungszwecks. Insbesondere zu seinen Aufgaben gehören: die Regelung der Unterschrifts- und Vertretungsberechtigung für die Stiftung, die Wahl des Stiftungsrats und der Revisionsstelle sowie die Abnahme der Jahresrechnung. Der Stiftungsrat arbeitet wie bei *ToGo opening eyes* ehrenamtlich oder er wird für seine Fachexpertise in Ausnahmefällen entschädigt.[57] Die Stiftung unterzieht sich jährlich einer Prüfung durch eine externe Revisionsstelle, die staatliche Aufsichtsbehörde ESA[58] sowie periodisch die kantonale Steuerbehörde: Die Steuerbefreiung ist Sache des Kantons, in welchem die Stiftung ihren Sitz hat. Die Wahl einer externen und unabhängigen Revisionsstelle erfolgt durch den Stiftungsrat. Die Revisionsstelle muss im Register der Eidgenössischen Revisionsaufsichtsbehörde RAB eingetragen sein. Die Revisionsstelle überprüft jährlich das Rechnungswesen der Stiftung. Zudem hat sie dem Stiftungsrat einen detaillierten Prüfungsbericht mit Antrag zur Genehmigung zu unterbreiten. Ausserdem ist sie für die Überwachung der Einhaltung von Stiftungsurkunde und -reglement zuständig. Die Revisionsstelle teilt allfällige Mängel dem Stiftungsrat mit. Werden diese nicht innert nützlicher Frist behoben, informiert sie die Aufsichtsbehörde. Stiftungsrat und Revisionsstelle

---

57  *eskript.ius.unibas.ch/wp-content/uploads/sites/35/2017/01/leitfaden_fuer_stiftungen__eidgenossische_stiftungsaufsicht.pdf*

58  *Eine Aufsicht durch die ESA, die zum EDI, Eidgenössischen Departement des Innern, gehört, erfolgt, sofern die Stiftung national und/oder international tätig ist wie im Fall von ToGo opening eyes. Für Stiftungen, die ihren Zweck mehrheitlich innerhalb des Kantons erfüllen, in welchem sie ihren Sitz haben, ist die kantonale Aufsichtsbehörde zuständig. Stiftungen, die ihren Zweck auf Gemeinde- oder Bezirksebene erfüllen, können vom Gemeinde- oder Bezirksrat beaufsichtigt werden.*
*fundraiso.ch/stiftungsaufsicht-eidgenoessisch-kantonal*

sind Organe der Stiftung, in der Stiftungsurkunde aufzuführen und im Handelsregister einzutragen.[59]

Die Eidgenössische Stiftungsaufsicht verlangt von jeder Stiftung jährlich folgende Unterlagen: den Tätigkeitsbericht, die Jahresrechnung, den Bericht der Revisionsstelle, die Genehmigung der Rechenschaftsablage durch den Stiftungsrat (Protokoll- oder Protokollauszug), die aktuelle Liste des Stiftungsrats, sofern Änderungen vorgenommen wurden. Die ESA kann bei unlösbaren Problemen personeller Art in die Autonomie der Stiftung eingreifen und bspw. den Stiftungsrat abberufen.[60] Die Stiftung hat in der Regel jährlich eine Steuererklärung einzureichen, um weiterhin in den Genuss der Steuerbefreiung zu kommen.[61]

Seit dem 1. Januar 2022 ist die ESA in vier Teams gegliedert.

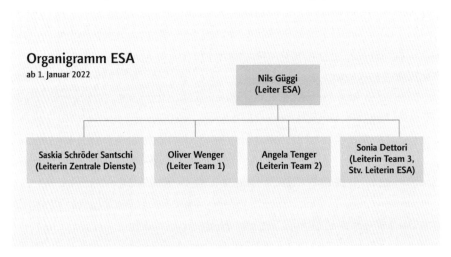

**Organigramm ESA**
ab 1. Januar 2022

Nils Güggi
(Leiter ESA)

Saskia Schröder Santschi
(Leiterin Zentrale Dienste)

Oliver Wenger
(Leiter Team 1)

Angela Tenger
(Leiterin Team 2)

Sonia Dettori
(Leiterin Team 3,
Stv. Leiterin ESA)

---

59  *Der Stiftungsrat kann ein Gesuch an die Aufsichtsbehörde stellen, um sich von der Pflicht befreien zu lassen, eine Revisionsstelle zu bezeichnen und sich im Handelsregister eintragen zu lassen. Die Voraussetzungen hierfür sind in der Verordnung über die Revisionsstelle von Stiftungen zu finden. Ein Befreiungsvorbehalt muss zudem in der Stiftungsurkunde enthalten sein. ToGo opening eyes muss sich einer Revision unterziehen, da sie mehr als 200 000 CHF besitzt und öffentliche Spendenaufrufe tätigt.*
*fedlex.admin.ch/eli/cc/2005/592/de*

60  *eskript.ius.unibas.ch/wp-content/uploads/sites/35/2017/01/leitfaden_fuer_stiftungen__eidgenossische_stiftungsaufsicht.pdf*

61  *swissfoundations.ch/wp-content/uploads/2019/07/10-Fragen-für-Stifter-und-Stifterinnen_2019_final.pdf*

Seit April 2022 verlaufen alle Abläufe der Eidgenössischen Stiftungsaufsicht rein digital. Die ESA erhofft sich davon längerfristig eine höhere Effizienz in der Kommunikation mit den Stiftungen. Anstatt wie bisher per Mail oder auf dem Postweg zu kommunizieren, müssen sich Stiftungen auf der Plattform EasyGov anmelden, über die sie auch mit dem Handelsregister und der AHV-Ausgleichskasse in Kontakt treten. Auch wenn nach wie vor die Möglichkeit besteht, die ESA per E-Mail oder Briefpost zu kontaktieren, zieht die ESA laut ihrem Newsletter vom Dezember 2021 die Kommunikation via EasyGov deutlich vor. Wer dennoch altmodisch genug ist, Briefe senden zu wollen, wird – so hofft zumindest die ESA – durch das zwingende Beilegen von Formularen von seinem Vorhaben abgeschreckt.[62] Die Behauptung, dass durch die Digitalisierung alles einfacher werde, ist eine Beleidigung des gesunden Menschenverstands. Wir verbringen immer mehr Zeit in der digitalen Welt: mit der Erstellung von Konten, Passwörtern, dem Lesen von Merkblättern und Richtlinien, die besagen, welche Dokumente wir in welchem Format hochladen müssen. Effizienz sieht anders aus. Die allumfassende Digitalisierung wirkt auf den ersten Blick harmlos: Sie wird oft unter den Scheinargumenten der Effizienz und der Ökologie vorangetrieben, und es entsteht der falsche Eindruck, dass wir über das Einsparen von Papier und Fahrwegen der Post unsere $CO_2$-Emissionen massiv reduzieren. Dabei wird völlig ausser Acht gelassen, dass unsere Computer, Laptops, Smartphones und Tablets Unmengen an Strom verbrauchen. Wer aus Gewissensgründen nicht fliegt, aber ständig auf seinem Smartphone rumtippt, tut dem Klima nichts Gutes: 2019 war die Nutzung digitaler Technologien für 4% der weltweiten $CO_2$-Emissionen verantwortlich, das beliebte Streaming von Filmen und Computerspielen mit einbegriffen. Der globale Flugverkehr verursachte mit 2,5% fast die Hälfte weniger. Ob der herkömmliche Gas-, Erdöl-, Atom- oder Kohlestrom sich gänzlich durch nicht fossile Energien ersetzen lässt, ist bislang unklar. In Zentraleuropa wird dieser Prozess der Umstellung, falls er gelingen sollte, noch 25 Jahre dauern. Eine wichtige ökologische Massnahme wäre, Strom als knappe Ressource zu behandeln, statt

---

62  *Newsletter ESA, Dezember 2021*

durch eine Volldigitalisierung das Gegenteil zu bewirken.[63]

Die Volldigitalisierung, man spricht auch von einer Technokratie, wird als Heilmittel propagiert, das unseren Arbeitsalltag erleichtert und uns grünwäscht. Die linke Politikerin und ehemalige Bundestagsabgeordnete Sahra Wagenknecht würde an dieser Stelle sagen: Die Technokratisierung auf dem Arbeitsmarkt ist dazu da, Bullshit-Jobs zu kreieren, die sich einige wenige reiche Akademiker:innen teilen. Während die Industrie und die ehemalige Arbeiter- und Mittelschicht in Europa komplett marodiert wurden (indem die Produktion von bspw. Autos nach Asien verlagert wurde), erlauben es Wirtschaft, Politik und Staat, dass ein billiger Dienstleistungssektor gefördert wird, der bspw. Pfleger:innen oder Uber-Fahrer:innen mit Überstunden und minimalen Rechten ausbeutet. Die Hauptmerkmale von Bullshit-Jobs sind, dass sie vorwiegend in der digitalen Welt angesiedelt, überbezahlt und bequem im Homeoffice zu erledigen sind. Zudem generieren Bullshit-Jobs weitere ihrer Art und differenzieren somit eine Stelle in viele aus, wie sich am Beispiel des komplexen ESA-Organigramms zeigt. Eine telefonische Rücksprache mit der Leiterin der Zentralen Dienste der ESA ergab, dass die ESA vor dem 1. Januar 2022 lediglich aus 1 Leitungsperson, 1 Stellvertretung und 30 Mitarbeitenden bestand. Die Digitalisierung schafft eine Stellennot, die es ohne sie gar nicht gäbe: Stellen in den Bereichen IT(-Sicherheit), Werbung und Kommunikation sowie Management. Stellen, an die man ohne akademischen Abschluss oder höhere Weiterbildung nicht gelangt. Genau darin besteht der Trick der Elite: sich selbst zu reproduzieren. Während die Stellen im digitalen Bereich zunehmen, sieht sich unsere Gesellschaft zunehmend mit einer unteren Mittelschicht ohne Aufstiegschancen und einer armen Akademikerschicht konfrontiert, die keinen Zugang zu diesen Jobs hat. Statt dass gute alte Mittelschichtwerte wie Fleiss, Pünktlichkeit und Qualität hochgehalten werden, muss heute alles schnell gehen, eben «effizient» – und häufig auch schlampig.[64]

63  nzz.ch/meinung/wachstum-schlaegt-effizienz-die-intelligente-neue-datenwelt-erzeugt-einen-stromhunger-der-die-umwelt-massiv-belasten-wird-ld.1529864
64  Wagenknecht, Die Selbstgerechten
Weiterführende Literatur zum Thema Erosion der Mittelschicht, das während der Coronapandemie eine neue Dimension erhalten hat: Guy Standing, The Precariat

Wem vor lauter Digitalisierung und Bürokratie der Kopf schwirrt: Gutes lässt sich auch ohne Stiftungsverwaltung und -aufsicht tun, nämlich durch unbürokratisches Spenden, ganz nach dem Motto des britischen Unternehmers, Fondsmanagers und Stifters Sir John Templeton (1912–2008)[65]: «Das beste Investment mit der höchsten Rendite und dem geringsten Risiko ist Spenden.»[66] Spenden erfolgen ohne Gegenleistung des Empfängers, weshalb sie steuerbefreit sind. Die Steuerbefreiung der Stiftung erfolgt auf Antrag bei der Stiftungsaufsicht. Auch lässt sich eine Stiftung oder eine NPO durch Sponsoring unterstützen. Diese Art der Zuwendung ist steuerbefreit, wenn lediglich Name und/oder (Firmen-) Logo des Sponsors ein- oder mehrmals in einer Publikation neutral verwendet werden.[67] Eine weitere Möglichkeit zur Unterstützung bietet die Kooperation (z.B. mit Unternehmen), die auf gemeinsamen Entscheidungen basiert und die gleiche Zielsetzung verfolgt, wobei die Kooperationspartner unabhängig voneinander bleiben. So lassen sich Synergien aus Personal, Know-how und finanziellen Ressourcen nutzen. Zudem lässt sich eine Stiftung auch mit einer Zustiftung unterstützen, das heisst aus einem Kapital, das auch nach Stiftungsgründung in das Vermögen einfliessen kann.[68] Für kleine Stiftungen gibt es auch die Möglichkeit, sich einer Dachstiftung anzuschliessen: Die Verwaltung sowie der Kontakt zur Aufsichts- und Steuerbehörde und Revisionsstelle werden von der Dachstiftung für die Unterstiftungen erledigt. Somit muss die Unterstiftung auch keinen eigenen Stiftungsrat stellen. Eine weitere Möglichkeit, sich gemeinnützig zu engagieren, bietet ein Verein: Während bei einer Stiftung der Zweck nur auf Antrag an die Steuerbehörde geändert werden kann, können Statutenänderungen bei einem Verein jederzeit durch die Mitglieder erfolgen. Zudem erfolgt eine Vereins- im Gegensatz zu einer Stiftungsgründung unkompliziert, schnell und kostengünstig.[69]

Alle, die nach dem Lesen dieser Passage immer noch daran interessiert

---

65  de.wikipedia.org/wiki/John_Marks_Templeton
66  swissfoundations.ch/wp-content/uploads/2019/07/10-Fragen-für-Stifter-und-Stifterinnen_2019_final.pdf
67  Elisa Bortoluzzi Dubach/Hansrudolf Frey, Sponsoring
68  Von Schnurbein/Timmer, Die Förderstiftung
69  NZZ, Gemeinnützige Stiftungen sind nicht teuer

sind, eine Stiftung zu gründen, erinnert der Stiftungsratspräsident daran, worauf es ankommt: «Für so eine Stiftung musst du äusserst hartnäckig sein. Du wirst angefeindet von der Steuerbehörde, dann musst du dich gegenüber dem Buchhalter verteidigen, ständig gibt es Kontrollen durch die ESA und die Revisionsstelle: Insgesamt wirst du viermal kontrolliert! Einmal habe ich mich dagegen gewehrt. Da ist die Steuerbehörde auf den Plan getreten, weil sie das als Vertrauensbruch interpretiert hat. Ich musste meine Geschäftsbuchhaltung, die Stiftungsrechnungen und Quittungen einer kantonalen Steuerrevision unterziehen, die immer noch aussteht. Nichts wurde falsch gemacht und trotzdem wurde alles nochmals bis ins letzte Detail kontrolliert. Deshalb der wichtigste Tipp: Ja keine Quittungen wegwerfen und alles behalten und auch noch datieren! Alles muss trotz nervenaufreibendem, selbstlosem und humanitärem Einsatz zigmal gezeigt und vorgeführt werden: dem Buchhalter, dem Revisor, der Steuerbehörde, der Stiftungskontrolle und schliesslich auch noch der kantonalen Steuerbehörde zur Revision! Es werden Zeit und Geld verbrannt, die unzählige Operationen ermöglicht hätten.»

Durch das Mass an Bürokratie, dem sich eine Stiftung unterziehen muss, ist der Sektor hoch ausdifferenziert: Kosten gehen drauf für Anwält:innen, Buchhalter:innen, Revisor:innen und Steuerberater:innen. Gerade für kleine Stiftungen mit einem bescheidenen Vermögen unter 500 000 CHF ist der hohe zeitliche und finanzielle Aufwand reiner Frust. In den USA ist es gang und gäbe, dass Unternehmen Freiwilligenarbeit in der Beratung von Stiftungen leisten: Dies wäre ein nachahmenswertes Modell für die Schweiz. Zudem könnte das Einbeziehen von Student:innen im Rahmen von Semesterarbeiten in den Bereichen Medizin, Recht, Marketing, Kommunikation und Fundraising Kosten reduzieren. Auch der Erfahrungsschatz und die Qualifikationen von Pensionär:innen könnten dazu beitragen, den Stiftungsrat punkto Zeit und Kosten zu entlasten. Dies wäre zugleich die Erfüllung eines humanitären Auftrags in der Schweiz: Zu oft sehen sich unsere Pensionär:innen nach dem Berufsleben, nachdem sie «ihren Zweck erfüllt haben», aussortiert wie eine kaputte Maschine. Das Gefühl, gebraucht zu werden, einen Platz in der Gesellschaft zu haben, ist für die seelische Gesundheit aller Altersschichten wichtig und gerade nach der Pensionierung bedroht.

Eine Stiftung zu gründen und zu führen braucht viel Zeit: Es ist ein Lernprozess, wie Stiftungsratspräsident Armin Junghardt weiss: «Es gab Missverständnisse. Nehmen wir die Finanzierung des Togo-Fotoalbums 2014. Ich dachte, ich tue etwas Gutes, wenn ich die 300 CHF für das Album aus eigener Tasche bezahle und dann von den Steuern abziehe. Aber so läuft das nicht: Die 300 CHF für das Album werden an die Stiftung gespendet. Es ist nicht gut, Stiftungsrechnungen über das eigene Konto zu bezahlen. Man muss Privates von der Stiftung sauber trennen, sonst gibt es unnötige Nachfragen und erschwerende Revisionen.»

Für den Stiftungsratspräsidenten ist es ein wahrer Frust, dass er Zeit, Geld und Energie für einen guten Zweck opfert, um dann von Steuerrevisionen ausgebremst zu werden. Er kritisiert, dass gerade Stiftungen mit einem bescheidenen Vermögen von unter 500 000 CHF sich mit viel Bürokratie herumschlagen müssen. Ihn persönlich motiviert das, Gas zu geben: «Ich bin ein Typ, der, wenn es den Berg hochgeht, noch schneller geht.»

## The Ideal Matchmaking:
## die Stiftung auf der Suche nach Geldgeber:innen

*ToGo opening eyes* ist eine operative Stiftung mit eigenen Projekten und Einrichtungen. Daher ist sie auf Spendenmittel von Einzelpersonen, Projekten, Förderstiftungen, Vereinen und Unternehmen angewiesen. Im Gegensatz zu einem Verein, für den es kein Startkapital braucht und bei dem der Fokus primär auf der Vereinigung und Betätigung seiner Mitglieder liegt (bspw. im kulturellen, wissenschaftlichen oder religiösen Bereich), fliesst in Stiftungen mehr Geld, da sie mit ihren Wohltätigkeitsprojekten immer auch unternehmerisch agieren (wohlgemerkt sekundär, um dem primären Stiftungszweck zu dienen). Allerdings gibt es auch Ausnahmen im humanitären Bereich: Das Schweizerische Rote Kreuz und Médecins Sans Frontières sind bspw. internationale und grosse Vereine, die als NPOs organisiert Milliarden generieren.

Das Matchmaking ist zentral: Wie findet eine Stiftung Geld für ihre Projekte?

Auf stiftungschweiz.ch lässt sich mittels Suchfeld nach passenden Stiftungen suchen. Allerdings wird mehr nach Möglichkeiten gesucht, Geld zu erhalten, als umgekehrt, besonders im Kulturbereich. Pro Jahr erreichen eine Million Gesuche die Förderstiftungen der Schweiz. Die meisten Gesuche werden per Post eingereicht, mit der Gefahr, im Papierkorb zu landen. Nur 10–15% der über 13 000 Stiftungen haben eine Website, auf der man online Gesuche einreichen kann. Die Suche nach Geld auf dem schriftlichen Weg ist von geringer Effizienz und verspricht wenig Erfolg: Über 90% der Gesuche werden abgelehnt! Bei Stiftungen, die nach Fördermitteln suchen, gehen 25% an Geld verloren: Das entspricht 1 von 4 Mrd. CHF pro Jahr. Wohl gibt es auch erfolgversprechende Tipps, um als Förderstiftung keine Zeit mit unpassenden Gesuchen zu verschwenden oder als Gesuchstellende das Gesuch an die richtige Stiftung zu stellen. Als Förderstiftung lohnt es sich, ein vollständiges Organisationsprofil zu erfassen mit den Angaben, welche Projekte wie gefördert werden und welches die Ausschlusskriterien sind. Umgekehrt muss eine Stiftung, die nach Fördermitteln sucht, einen genauen Beschrieb ihrer Tätigkeiten einreichen. Am besten funktioniert immer noch das Networking über direkte, persönliche Beziehungen, indem Kontakte zum Stiftungsrat geknüpft werden. Martin Schär hat in Malawi ein Schulprojekt ins Leben gerufen und in einer Sommerserie von SRF 2019 über Stiftungen über erfolgversprechendes Fundraising berichtet. Laut Schär scheitern Gesuche unter anderem an zu eng gefassten Kriterien. Die angefragte Förderstiftung finanziert bspw. keine Bildungsprojekte in Malawi, dafür aber in Mosambik oder Tansania. Oder sie fördert keine Unter-, sondern Oberstufen. Hier zahlen sich persönliche Kontakte besonders aus: Ist die Förderstiftung nicht interessiert oder hat sie zu wenig Mittel zur Verfügung, schlägt sie weitere Förderstiftungen vor, die genauer zum Profil passen könnten. Ein Telefonanruf, um erste Kontakte zu knüpfen, lohnt sich, um vorab zu klären, ob Förderstiftung und zu finanzierendes Projekt zusammenpassen. Zugleich wird so ein erster persönlicher Kontakt hergestellt.[70]

---

70 srf.ch/audio/trend/stiftungen-folge-1-wer-sucht-der-findet-nicht-immer?id=11568210

Nichts geht ohne Kontakte: Sie sind für das Fundraising[71] einer Stiftung von strategischer Bedeutung. Denn die Stiftungsarbeit und ihr Zweck sind immer an eine zutiefst persönliche Motivation der Stifterin und des Stifters gebunden und somit an ihre Person: Es geht um Freude an der Sache und Enthusiasmus, sich für ein Projekt einzusetzen, aber auch um Werte, die vermittelt werden. Menschen spüren den emotionalen Wert hinter einem wohltägigen Engagement und beschliessen, diesem ihre Zeit und Ressourcen zu widmen. Wichtig ist auch, dass die Stiftung nach aussen in Sachen Finanzen transparent ist. Auch ehrenamtliches Engagement des Stiftungsrats kommt bei Spendenwilligen oder solchen, die sich zeitlich investieren möchten, gut an, da Menschen es schätzen, wenn sie Herzblut hinter einem Projekt spüren.

Beim Fundraising zu beachten: Gender matters! So neigen Frauen eher dazu, an Organisationen oder Menschen zu spenden, zu denen sie einen persönlichen Draht haben. Männer bündeln ihre Spendengelder und fokussieren sich stärker auf einzelne Projekte als Frauen, die in der Regel kleinere Spendenbeträge auf eine grössere Anzahl verteilen. Während diese Zeilen vor Weihnachten 2021 geschrieben wurden, konnte dies aus dem engsten Familienkreis bestätigt werden: Valeria Sognes Vater spendet seit Jahren ausschliesslich an den Schweizerischen Blindenbund, während Sogne ihre Spenden gern breit streut und die Auswahl der Organisationen von Jahr zu Jahr ändert. Während für Valeria Sogne wichtig ist, dass sie hinter der Ideologie eines Hilfswerks stehen kann und/oder Menschen kennt, die für eine wohltätige Organisation arbeiten, geht es ihrem Vater mehr um die Sache an sich: Er findet Erblindung so ziemlich das Schlimmste, was einen treffen kann. In ihrem Buch «Mäzeninnen: Denken, Handeln, Bewegen» führen die Dozentin für Sponsoring Elisa Bortoluzzi Dubach und der Co-Autor Hansrudolf Frey die Strategie von Frauen beim Spenden auf Folgendes zurück: Frauen wollen im Falle humanitärer Katastrophen, bei Flüchtlingsströmen,

---

71  *Im Begriff Fundraising sind alle Formen der Mittelbeschaffung zusammengefasst.*
*Bortoluzzi Dubach, Stiftungen*

Naturkatastrophen und Krieg durch kurzfristige Soforthilfe schnell und effizient helfen.[72]

Auch der Einbezug gegenwärtiger digitaler Kommunikationsformen ist von grosser Bedeutung, um die Sache der Stiftung zu bewerben und so an Spendengelder zu gelangen. Um den Kreis potenzieller Spender:innen zu vergrössern, kann es hilfreich sein, Facebook, Instagram, Twitter und LinkedIn zu nutzen. Bilder und Videos in sozialen Medien und auf der Stiftungswebsite vermitteln unmittelbar Eindrücke und Anliegen der Stiftung. Allerdings ist im Umgang mit Social Media auch Vorsicht geboten: Die Schnelllebigkeit von Internet-Plattformen kann die Realität nur allzu leicht verzerren. Auch sollte man die Finger von Onlinekanälen lassen, wenn man sie nur nutzt, «weil man das heutzutage so macht». Unprofessionell gestaltete Beiträge erzeugen keine Wirkung und schaden im schlechtesten Fall gar dem Image. Falls Interessent:innen versuchen, die Stiftung zum Beispiel erfolglos via Facebook zu kontaktieren, da niemand der Stiftung sich die Zeit nimmt, die Plattform zu unterhalten, ist der Schaden bereits angerichtet. Zudem sollte sich der Stiftungsrat gut überlegen, wer die Zielgruppen der Spender:innen, freiwilligen Helfer:innen und Empfänger:innen sind. Auf welchen (Online-) Kanälen sind sie vertreten? Es geht nicht darum, auf welchen Plattformen oder in welchen Medien man als Stiftung gern vertreten sein will, sondern darum, welche Plattformen und Medien die Zielgruppen verwenden.[73]

---

72  Elisa Bortoluzzi Dubach/Hansrudolf Frey, Mäzeninnen
73  Von Schnurbein/Timmer, Die Förderstiftung

# Entwicklungszusammenarbeit und Stiftungen
# in den Negativschlagzeilen

## Vetternwirtschaft, Geldwäscherei und politische Propaganda

Wo Geld und Macht zusammenkommen, auch für einen guten Zweck, ist Missbrauch nicht weit. Die Schweizer Entwicklungszusammenarbeit ist ein milliardenschweres Geschäft und die staatliche Direktion für Entwicklung und Zusammenarbeit DEZA ihre grösste Geldgeberin. Die DEZA geriet vor einigen Jahren aufgrund undurchsichtiger Geldvergaben für die Entwicklungszusammenarbeit in die Kritik. Im Jahr 2015 sprach die Zeitung «Blick» mit dem Agronomen Jan Stiefel, der bei der DEZA gearbeitet hat. Intransparenz, ungenügende Evaluation der Projekte und Vetternwirtschat seien an der Tagesordnung, so Stiefel. Die DEZA sei eine «geschlossene Gesellschaft», in der Posten und Geld an Bekannte, Wohlgesonnene und an Projekte verteilt würden, die nach aussen ein gutes Bild abgäben. Zudem deckte die Zeitung «SonntagsBlick» 2012 auf, dass die DEZA 70% der Aufträge über 230 000 CHF unter der Hand vergeben hatte, was 216 Mio. CHF oder zwei Dritteln des Budgets entspricht. Damit verstiess die DEZA gegen die Regel der Bundesverwaltung, dass sie Aufträge ab 230 000 CHF öffentlich ausschreiben muss, um den Wettbewerb sicherzustellen. Im Interview mit der Zeitung forderte Stiefel eine unabhängige Kontrolle wie in Grossbritannien und Deutschland, wo es Kontrollgremien für die Entwicklungszusammenarbeit gibt, ähnlich einer Finanzkontrolle. Dieses von der DEZA unabhängige Entwicklungszusammenarbeits-Gremium würde Projekte ausschreiben und Vorschläge von Privaten prüfen, so Stiefels Idee.[74]

Auch NPOs wie gemeinnützige Stiftungen machen immer wieder Negativschlagzeilen: Der Verdacht lautet auf Steuerhinterziehung und Geldwäscherei. Der Verdacht auf Steuerhinterziehung erhärtet sich, wenn der Stiftungszweck

---

74  blick.ch/politik/experte-kritisiert-in-der-schweizer-entwicklungshilfe-wird-geld-verschleudert-vetterliwirt-schaft-intransparenz-arroganz-id3987255.html

nicht gemeinnützig ist. Eine AG oder GmbH wäre dann die richtige Form und als Unternehmen somit steuerpflichtig. Zu den Vorwürfen gegenüber Stiftungen gehört auch, dass diese lediglich Prestige- und Vorzeigeobjekte seien. Ein Beispiel, dass es sich lediglich um ein Vorzeigeobjekt handelt, das möglicherweise der Geldwäscherei dient, ist die Fifa Foundation unter Präsident Gianni Infantino. Das Stiftungsgeld ist zwar an wohltätige Zwecke gebunden, es liegt jedoch der Verdacht nahe, dass das Geld an die Mitgliederverbände geflossen ist, denen der Präsident mehr Geld versprochen hatte, um schliesslich Präsident der Fifa zu werden und zu bleiben. Die Gelder der Fifa Foundation fliessen in Projekte nach Afrika und Lateinamerika, jene Länder also, in denen Infantino seine Hausmacht innerhalb der Fifa hat. Allerdings gibt es nur Indizien, keine Beweise, da die Fifa selbst diesbezüglich keine Auskunft gibt. Was ebenfalls auffällig sein kann, ist die Zusammensetzung des Stiftungsrats: Zwei Frauen sitzen im Stiftungsrat der Fifa, eine aus Burundi sowie eine Vertreterin eines britischen Überseegebiets in der

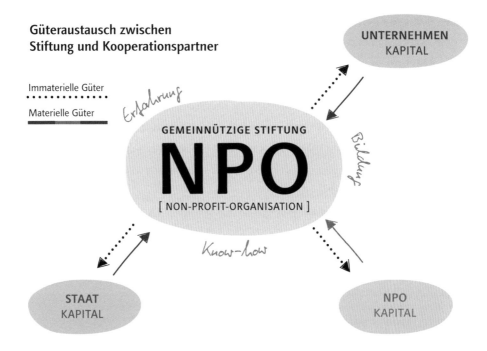

106

Karibik. Der Vorwurf lautet, dass der Präsident sich Stiftungsratsmitglieder ausgesucht habe, die man nicht kritisieren dürfe. So gilt es als raffinierter Schachzug,
sich mit Frauen, People of Color, Minderheiten oder Benachteiligten zu schmü-
cken. Denn wer diese kritisiert, wird als sexistisch und/oder rassistisch abgetan.
Fazit: Verdächtig an einer Stiftung ist, wenn unklar ist, ob sie einen gemeinnützigen Zweck verfolgt, ob sie unabhängig ist und ob der Stiftungsrat auf seinem
Fachgebiet kompetent ist.[75]

Zudem wurden im Jahr 2020 vermehrt kritische Stimmen in der Schweiz
laut, die gemeinnützige NPO-Gelder für politische Propaganda missbraucht sahen. Daraufhin stellte sich die Frage, ob NPOs politische Akteurinnen sein dürfen.
Das Anliegen kam erstmals auf den Tisch, als sich NPOs im Jahr 2020 massgeblich
an der Abstimmungskampagne rund um das Jagdgesetzreferendum und die Kon-
zernverantwortungsinitiative (KVI) beteiligten. Der FDP-Politiker, Unternehmer
und seit 2015 Ständerat Ruedi Noser reichte daraufhin eine Motion ein, welche
die Überprüfung der Steuerbefreiung verlangte.[76] Der Bundesrat lehnte die Überprüfung mit der Begründung ab, eine Steuerbefreiung sei rechtmässig gegeben,
solange eine NPO ihren Schwerpunkt nicht auf die Politik lege und somit nicht als
politische Organisation erscheine.[77] Zu einem Eclat während des Abstimmungs-
kampfes rund um die KVI kam es dennoch: Das Hilfswerk Solidar Suisse setzte
Gelder für seine Pro-KVI-Kampagne ein, die es von der DEZA für Auslandshilfe
erhalten hatte. Solidar Suisse musste darauf der DEZA 24 000 CHF zurückzahlen.
Im Jahr 2021 führte die DEZA eine neue Klausel ein, welche die Verwendung gemeinnütziger Gelder des Bundes für politische Informationsarbeit und Lobbying
im Inland untersagt.[78]

Aufgrund der Motion von Ständerat Noser und des Unmuts bürgerlicher
Parteien, die angesichts des politischen Engagements der NPOs ständig deren

---

75  srf.ch/audio/trend/stiftungen-folge-3-warum-sind-das-stiftungen?id=11568234
76  ceps.unibas.ch/fileadmin/user_upload/ceps/1_Home/Philanthropie_Aktuell/PA_21_01_de_final_neu.pdf
77  https://www.parlament.ch/de/ratsbetrieb/suche-curia-vista/geschaeft?AffairId=20204162
78  nzz.ch/schweiz/cassis-verschaerft-regeln-fuer-entwicklungshilfe-staatsgelder-duerfen-nicht-in-polit-kam-
pagnen-fliessen-ld.1604901

«ungerechtfertigte» Steuerbefreiung kritisieren, liegt es nahe, dass Stiftungen Gutes tun und schweigen. Nichtsdestotrotz sind NPOs wie gemeinnützige Stiftungen indirekte politische Influencerinnen: So stimmen und wählen weniger als 50% der Erwachsenen, aber über 70% spenden regelmässig und geben so ihre Stimme für Themen ab, die ihnen am Herzen liegen.[79] Da Stiftungen in der Schweiz nur einen Bruchteil des Vermögens von Staat und Wirtschaft besitzen, stellt sich die Frage, ob mit der bürgerlichen Kritik, Steuern würden verloren gehen, nicht übertrieben wird: Was ist mit den Milliarden des Staatsetats, der Unternehmen, Versicherungen und Banken? Bürgerliche Parteien sehen sich nun dank der OECD, der Organisation für wirtschaftliche Zusammenarbeit und Entwicklung, gezwungen, den Steuerfuss für Unternehmen auf 15% anzuheben, damit erhebliche Steuereinnahmen für den Staat generiert werden. Jedoch haben sich bürgerliche Parteien nur widerwillig einer Erhöhung des Steuerfusses für Unternehmen gebeugt: Man kehrt lieber nicht vor der eigenen Haustür, sondern konzentriert sich stattdessen auf die Steuerbefreiung von NPOs wie gemeinnützigen Stiftungen, sind doch ein Grossteil der Bürgerlichen selbst Unternehmer.[80]

Die Negativschlagzeilen über Stiftungen beziehen sich auf ein paar schwarze Schafe. Denn: Der gesamtgesellschaftliche und weltweite Nutzen von gemeinnützigen NPOs und Stiftungen ist gross. So durchbrechen Stiftungen die gesellschaftliche Homogenität: Sie agieren als Visionärinnen, indem sie Menschen und Projekte unterstützen, die noch keine breite Anerkennung geniessen. Stifter:innen fördern Karrieren in ihren Anfängen und geben damit Menschen und Schicksalen eine positive Richtung vor. Stiftungsarbeit hat immer einen stark emotionalen Charakter: Wird jemand, der gerade dabei ist, eine berufliche Laufbahn einzuschlagen, gefördert, erhält diese Person Bestätigung für den gewählten Weg und fasst Vertrauen in die eigene Zukunft. Stiftungen fördern im kulturellen und im Bildungsbereich die Vielfalt und stellen sich vehement «Harmonisierungsbestrebungen»

---

79 ceps.unibas.ch/fileadmin/user_upload/ceps/1_Home/Philanthropie_Aktuell/PA_21_01_de_final_neu.pdf
80 sif.admin.ch/sif/de/home/dokumentation/medienmitteilungen/medienmitteilungen.msg-id-85410.html
nzz.ch/wirtschaft/mindeststeuer-wie-man-die-guten-steuerzahler-haelt-ld.1665184?ga=1&kid=nl167_2022-1-19&mktcid=nled&mktcval=167_2022-01-19

entgegen, die besagen, dass Kunst und Kultur, Wissenschaft und Bildung, Wirtschaft und der soziale Sektor einheitlich sein sollen.[81] Stiftungen decken auch seit jeher staatliche Defizite ab: Dort, wo der Staat ungenügende finanzielle Mittel zur Verfügung stellt oder stellen will, springen Stiftungen in die Lücke. Im Gegensatz zu rein staatlichen und wirtschaftlichen Angeboten zeichnet sich die Stiftungsarbeit durch Eigeninitiative, oft schnelles, unbürokratisches Handeln und nachhaltige Investitionen aus.[82] Für Unternehmen und staatliche Institutionen bringen Stiftungen wichtige Ressourcen mit: Als vergleichsweise kleine Organisationen arbeiten sie dienstleistungsorientiert. Sie verfügen über eine Menge Erfahrung und Know-how und ihre Stiftungsratsmitglieder und -mitarbeitenden sind fast durchwegs akademisch gebildet.[83] Für Kooperationen sind Stiftungen für Unternehmen und staatliche Organisationen insbesondere aufgrund ihrer immateriellen Güter interessant: Stiftungen vernetzen im besten Fall topqualifizierte Menschen aus unterschiedlichsten Branchen und bilden interdisziplinäre Think Tanks. Die wichtigste Ressource von Stiftungen ist demnach ihre Wissensökonomie[84]. Im Vergleich zu Stiftungen ist die Hauptressource von Staat und Unternehmen ihr Kapital. Findet eine Kooperation statt, kommt es zu einem Güteraustausch: Während Stiftungen insbesondere immaterielle Güter wie Know-how, Erfahrung und Bildung tauschen, erhalten sie als Gegenleistung finanzielle Mittel (vgl. Grafik S. 106). Umgekehrt profitieren die anderen Akteure von der enormen Wissensökonomie der Stiftungen.

Wo es ein Dafür gibt, gibt es mindestens ein Dawider und umgekehrt. So gibt es auch linkskritische Stimmen wider das Stiftungswesen: Dieses sei undemokratisch, entziehe sich der staatlichen Kontrolle und könne demnach leicht Missstände kaschieren, sei versnobt und würde sich lediglich für die «Sache der Reichen» oder die ewig gleichen Themen einsetzen, immer wieder für Kinder,

81  Bortoluzzi Dubach, Frey, Mäzeninnen
schweizermonat.ch/streitpunkt-philanthropie/
82  Bortoluzzi Dubach, Frey, Mäzeninnen
83  Von Schnurbein/Timmer, Die Förderstiftung
84  megatrends.fandom.com/de/wiki/Wissens-Ökonomie

statt für Sans-Papiers, Sozialhilfebeziehende, Flüchtlingspersonen und Migrant:innen. Das hänge damit zusammen, dass Stiftungen an einem ähnlichen Problem krankten wie der Staat, der von einer bürgerlichen Mehrheit bestimmt werde. In Stiftungen gebe es einen ähnlichen Hang, der in Richtung Freisinn und SVP gehe. Deshalb, so vermutet der Soziologe Ueli Mäder in der SRF-Sommerserie «Trend» 2019, seien Stiftungen weniger gewillt, sich gewisser sozialer Brennpunkte anzunehmen.[85]

## Die Zewo-Stiftung und ihr Gütesiegel: mehr Spendensicherheit?

Wenn die Stiftung wächst und eine gewisse Reichweite erreichen will – was zwingend nötig ist, um Kontakte zu knüpfen und interessierte Spender:innen zu erreichen –, ist es wichtig, Transparenz zu zeigen. Eine solche wird durch ein Gütesiegel ausgewiesen, das idealerweise auf der Frontseite der Stiftungswebsite platziert wird. Das Zewo-Gütesiegel belegt, dass die Stiftung nach 21 Kriterien geprüft worden ist, denen ein gemeinnütziger Zweck zugrunde liegt: Dazu gehören unter anderem der Nachweis der Gemeinnützigkeit sowie Angaben zum Stiftungsrat und zur Gewährleistung von dessen Vielfalt sowie zum effizienten Einsatz von Spendenmitteln.[86]

Laut einem Artikel des «Philanthropist», des Magazins von stiftungschweiz.ch, achten insbesondere jene auf ein Gütesiegel bei gemeinnützigen NPOs und Stiftungen, die mehr als 200 CHF pro Jahr spenden. Eine Zertifizierung würde sich demnach lohnen: Anfang 2020 trugen 500 Schweizer NPOs das Zewo-Label. Ein Gütesiegel führt zu grösserem Vertrauen und damit höheren Spendenbeiträgen. Wissen interessierte Spender:innen hingegen, wie viel das Gütesiegel gekostet hat, führt dies zu einem leicht negativen Effekt.[87]

---

85  srf.ch/audio/trend/stiftungen-folge-2-unterstuetzer-oder-konkurrenten-des-staates?id=11568228
86  zewo.ch/de/die-21-zewo-standards/?gclid=CjwKCAiA78aNBhAlEiwA7B76pzOFM9X0Xpx6uk7PlcaiOr-7QyM0Lu8QUZ2xY414hRAh68RB8afe1iRoCQ-YQAvD_BwE
87  thephilanthropist.ch/der-effekt-von-guetesiegeln-auf-die-spendeneinnahmen/

In den letzten Jahren wurde sowohl seitens kleiner wie auch grosser Organisationen Kritik laut, das Label sei zu teuer[88]: Während kleine und wenig bekannte Organisationen durch ein Gütesiegel zwar an Spendengeldern zulegen können, verzichten grosse und etablierte Organisationen wie UNICEF auf das Label.[89] Die Zusammensetzung des Zewo-Stiftungsrats wurde zudem aufgrund möglicher Interessenkonflikte kritisiert, die laut Zewo-Kriterien vermieden werden sollen: Unter den Stiftungsratsmitgliedern finden sich solche, die von der Zewo begutachtete Institutionen vertreten. Zudem wird am Zewo-Label kritisiert, dass grosse Organisationen ihre Spendensammlungen im Kalender der Zewo koordinieren und regulieren müssen. Dabei erhalten die Organisationen pro Jahr maximal drei Sammelzeiten. Kurzfristige Spendenaufrufe sind so nicht möglich. Grösster Kritikpunkt am Label bleiben aber die Kosten: Laut Zewo kostet die Zertifizierung erfahrungsgemäss 5000 CHF. Zusätzlich gibt es noch eine Jahresgebühr zu entrichten, die 500 bis 13 000 CHF beträgt. Was bei den Zewo-Kriterien weiter negativ auffällt: Bis zu einem Viertel der Spendengelder dürfen für Fundraising und Werbung ausgegeben werden, weitere Verwaltungs- und Administrationskosten ausgeschlossen. Im Vergleich: Bei Médecins Sans Frontières werden 5% für Fundraising und Werbung und 3% für Verwaltung und Administration ausgegeben.[90] Die Jahresrechnungen von *ToGo opening eyes* zeigen, dass sich die Verwaltungs- und Administrationskosten bspw. für Informatik, Werbung, Revision und Auslagen für Benefizveranstaltungen auf 5–10% belaufen. Es ist eine Illusion für Spender:innen, wenn NPOs angeben, dass «jeder Spendenfranken eins zu eins ankommt». Spender:innen müssen mindestens mit einem Streuverlust von 5 bis 10 pro 100 gespendete CHF rechnen. Dieser kann jedoch auf 30 bis 60 CHF ansteigen, je nach Organisationsstruktur. Einen guten Weg, den Streuverlust für Spender:innen transparent zu machen, haben derzeit viele Organisationen gefunden, so auch die Heilsarmee: Als Valeria Sogne vor Weihnachten 2021 der NPO

---

88  srf.ch/news/schweiz/teures-spenden-zertifikat-kritik-an-teurem-zewo-guetesiegel

89  unicef.ch/de/ueber-unicef/schweiz-liechtenstein/haeufige-fragen

90  blick.ch/wirtschaft/viele-stiftungen-pfeifen-auf-guetesiegel-sammeln-geht-auch-ohne-zewo-id8191790.html

120 CHF spendete, konnte sie online ankreuzen, ob sie die 2 CHF und 28 Rappen Bearbeitungsgebühr selbst übernehmen will. Und so kam die Spende dann auch wirklich «eins zu eins» an.

 *ToGo opening eyes* besitzt kein Zewo-Gütesiegel und ist am Abwägen, ob sich ein solches überhaupt lohnt. Die Stiftung findet es schade, dass Spendengelder von teuren Zertifizierungsverfahren verschlungen werden. Ein kreativer Weg, teure Zertifizierungsverfahren zu umgehen, ist die Zusammenarbeit mit Universitäten, Fachhochschulen und Gymnasien, am besten im Rahmen eines studentischen oder Schüler-Forschungsprojekts. Student:innen und Schüler:innen könnten so anhand eigener oder bereits vorhandener Kriterien untersuchen, ob die Stiftung NPO-Standards erfüllt und nachhaltig mit Spenden und Projekten umgeht. So wurde die Stiftung *ToGo opening eyes* von Gymnasiast:innen und einer Dipl. Praxismanagerin Medical Education untersucht, was zu durchwegs interessanten und positiven Resultaten geführt hat. Zu nennen wäre zum einen die Projektarbeit der Gymnasiast:innen Anna Rufer, Alexandra Egloff und Tillmann Förster: Die drei haben 2020 die Stiftung nach den 17 Zielen der UN-Agenda 2030 evaluiert und sind zum Schluss gekommen, dass *ToGo opening eyes* effizient, transparent und nachhaltig agiert. Zu einem positiven Resultat ist auch die Dipl. Praxismanagerin Medical Education Kimberly Bont gekommen: 2021 hat sie den Bau der Augenklinik *Que Tu Voies* evaluiert und das Projekt ebenfalls für transparent, effizient und nachhaltig befunden. Die Arbeiten sind unabhängig voneinander entstanden und einzusehen unter den Links auf stiftung-togo.ch.

# PHILANTHROPIE

### Was ist das?

2021 berichtete die NZZ, der Roche-Erbe André Hoffmann würde sich mit seiner Mava Foundation vom Stiftungswesen und von der «traditionellen Philanthropie» zurückziehen: Diese übermittle Geld an Projekte, die, zöge man sich als Stiftung zurück, nicht länger fortbestehen würden, wie etliche Beispiele wie kaputte Computer und ungenutzte Brunnen zeigten. Von nun an wolle Hoffmann in Projekte investieren, die «nicht philanthropisch» seien.[91] Die Stiftung schliesst bis 2023 ihre Türen.[92]

Die Aussagen Hoffmanns bestätigen, dass, liest man vom Stiftungswesen, der Begriff Philanthropie nicht weit liegt. Philanthropie wird allgemein mit Menschenliebe oder Menschenfreundlichkeit übersetzt und diese scheint Stifter:innen zugeschrieben zu werden, wenn sie sich in wohltätigen Projekten engagieren. Philanthropie scheint sich zu einem Allgemeinplatz entwickelt zu haben: Nach einer gründlichen Definition muss man schon selbst suchen, fernab von Berichten und Zeitungsartikeln. Unlängst hat sich der Begriff in Zusammenhang mit dem Stiftertum etabliert. Deshalb drängt sich die Frage auf, was denn Philanthropie genau ist. Und woher der Begriff kommt. Da Valeria Sogne den Sachen gern genau auf den Grund geht und dies auch als Voraussetzung jeglichen eigenständigen und kritischen Denkens erachtet, wurde das online zugängliche «Historische Wörterbuch der Philosophie» konsultiert. Für diejenigen mit einem philologischen Ohr

91 magazin.nzz.ch/wirtschaft/roche-vizepraesident-andrehoffmann-ueber-die-philanthropie-ld.1650715
92 mava-foundation.org/about-us/faq-closing/

dürften die Wurzeln in der griechischen Sprache anklingen: Der Begriff philanthropia (φιλανθρωπία) setzt sich zusammen aus philein, lieben (φιλεῖν), und anthropos, Mensch (ἄνθρωπος). Menschenliebe oder -freundlichkeit meint dabei eine lebensumfassende Denk- und Verhaltensweise. Zudem konnte philanthropia in der Antike auch die freundliche Begrüssung, Wohltätigkeit und Gastfreundschaft bedeuten. Im Unterschied zum heutigen Verständnis der Philanthropie, wonach «jedermann bis -frau»[93] ein:e Philanthrop:in sein kann (sofern das nötige Kleingeld zusammengebracht wird), hat der Begriff in der Antike eine Top-down-Entwicklung durchlaufen: Zunächst war er Göttern und Heroen vorbehalten, dann Königen und Feldherren und schliesslich auch Richtern und angesehenen Privatpersonen. Den Menschenfreunden haftete jedoch immer etwas Elitäres an, das sie von den «gewöhnlichen Menschen» unterschied. So wirkte die Philanthropie immer exklusiv in gewissen Gruppen, seien dies die Bürger:innen der eigenen Stadt oder Mitglieder derselben Sprache und Kultur. Wichtig ist noch zu erwähnen, dass damalige Philanthrop:innen nie aus Uneigennützigkeit heraus Gutes taten, sondern aus Pragmatismus; sie erwarteten stets, dass dabei «etwas für sie herausspringt».[94] Synonym wird manchmal der Begriff Mäzenatentum verwendet, auch wenn Philanthropie sich deutlich davon unterscheidet. Anders als der griechische geht der lateinische und jüngere Begriff auf den Diplomaten und Grossgrundbesitzer Gaius Clinius Maecenas zurück (100 v. Chr.), der bis heute für seine grosszügige Vergabe von Zuschüssen und Förderbeiträgen bekannt ist.[95] Während die Mäzenin oder der Mäzen als Einzelperson und nach Befindlichkeit in ein Projekt investiert, ist Philanthropie in Form einer Stiftung an den Stiftungszweck gebunden. Zudem erfolgt sie auf partizipatorischer Basis (Wahl des Stiftungsrats und der Revisionsstelle) und ist einer externen Aufsicht unterstellt (Steuerbehörde und ESA).[96] Ein wichtiges Unterscheidungsmerkmal ist auch, dass die klassische

---

93  Der Ausdruck «jedermann bis -frau» wurde der Badener Schauspielerin und Transfrau Stella Palino entliehen, die diesen während eines Cabaretabends im Dezember 2021 in ihrer UnvermeidBar verwendete.
94  Historisches Wörterbuch der Philosophie online, Philanthropie
95  Bortoluzzi Dubach/Frey, Mäzeninnen
96  Bortoluzzi Dubach, Stiftungen

Mäzenin und der klassische Mäzen zwar Fördermittel vergeben, ansonsten aber Distanz zu den Empfängern wahren. Anders in der Philanthropie, wo idealerweise von einem direkten Kontakt und einer Begleitung über längere Zeit in Bezug auf geförderte Menschen und Projekte ausgegangen wird. In den USA bezeichnet man diese Art von Philanthropie als High-Engagement Philanthropy.

Natürlich ist auch heutzutage die Philanthropie nicht gänzlich von Exklusivität befreit; streng genommen müsste man jedoch jede Gruppe als «exklusiv» bezeichnen, da eine Gruppe etwas in sich Abgeschlossenes ist (bspw. der Stiftungsrat, der begrenzt ist). Philanthropie fördert und zieht Menschen an (insbesondere bei der Zusammensetzung des Stiftungsrats), die gleicher Gesinnung sind und einen vorwiegend akademischen Hintergrund haben, was ihr öfter vorgeworfen wird. So fördern gut situierte Stiftungen Menschen, mit deren Lebensrealität sie nichts verbindet. Besonders in afrikanischen Ländern ist das Problem frappant: Schulen, Brunnen und Gesundheitseinrichtungen liegen brach, weil sich NPOs und Stiftungen zu wenig mit den Bedürfnissen der lokalen Bevölkerung auseinandergesetzt haben, weil sie einfach «von sich ausgegangen» sind. Um dagegenzuhalten, ist zweierlei von Bedeutung: erstens, dass man sich als Stiftung bewusst wird, dass man Know-how und Skills mitbringt, die für das Projektmanagement Voraussetzung sind. Zweitens ist aber auch wichtig, sich mit der Zielgruppe der Empfänger:innen auseinanderzusetzen: Wer sind sie und wie viele? Welche Probleme haben sie und was wünschen sie sich für Lösungen, um diese zu bewältigen? Welche Hilfsangebote gibt es bereits? Wo gibt es Bereiche, die bis anhin vernachlässigt worden sind? Wo ist Handlungsbedarf gegeben und für wie lange?

Um diese Fragen zu beantworten, liegt es auf der Hand, das Gespräch mit der Zielgruppe selbst zu suchen, aber auch mit Experten wie Behörden, staatlichen Institutionen, Stiftungen, Verbänden oder Vereinen.[97]

Ein weiterer Vorwurf an Stiftungen lautet, dass diese reine Prestige- und Vorzeigeobjekte seien. «Es macht sich gut», Stifter:in zu sein oder in einem

---

97  *Von Schnurbein/Timmer, Die Förderstiftung*

Stiftungsrat zu sitzen. Es ist jedoch nichts «Anrüchiges» dabei, wenn man das Erfreuliche, die Wohltat, mit dem Nützlichen verbindet: Dass es auf dem Lebenslauf gut aussieht, wenn man sich – in welcher Form auch immer – für das Gemeinwohl engagiert, ist Tatsache, weil man sich dabei auch breite Fähigkeiten unter anderem in der Zusammenarbeit, Organisation oder im Finanzwesen aneignet. Eine Jobcoachin meinte einmal im Gespräch unter vier Augen: «Die asozialsten Menschen finden sich in den sozialsten Berufen, da es bei diesen Tätigkeiten nicht um die Gesinnung geht, sondern um Skills, die man braucht, also gewisse Fertigkeiten im Umgang mit Menschen wie Abgrenzungs-, Führungs- und Organisationsqualitäten.» Philanthropie als blosses Gutmenschentum abzutun, vernachlässigt deren Komplexität. Denn: Philanthropie braucht Köpfchen. Eine gute Gesinnung zu haben reicht nicht, wenn man Geld nachhaltig investieren will. Dazu braucht es Qualitäten aus dem Wirtschafts- und Finanzwesen, aber auch Geisteswissenschaftler:innen und Ethiker:innen sind gute Akteur:innen im Stiftungswesen, da sie eine breite Palette an Skills wie Arbeitserfahrung und Weltanschauung, aber auch Einfühlungsvermögen mitbringen: Eigenschaften, die für das Führen und Erhalten einer Stiftung von Bedeutung sind. In einer immer stärker von Komplexität, Individualismus und Pluralismus geprägten und sich ausdifferenzierenden Welt droht das Gemeinsame, das Verbindende verloren zu gehen; Stiftungen eignen sich als interdisziplinäre Think Tanks, in welchen zukunftsweisende Ideen Menschen verschiedensten Alters und Geschlechts, unterschiedlichster Herkunft und Berufsgruppen zusammenbringen.

Zurück zum Gutmenschentum: Philanthropie scheint ein überhöhter Begriff zu sein, etwas für Wohltätige ohne eigennützige Absichten. In der Apostelgeschichte, Kapitel 20, Vers 35, schreibt Apostel Paulus: «In allem habe ich euch gezeigt, dass man sich mit solcher Arbeit der Schwachen annehmen und dabei der Worte des Herrn Jesus eingedenk sein soll. Er hat ja selbst gesagt: Geben ist seliger als nehmen.»

«Geben ist seliger denn nehmen», ein bekanntes Sprichwort. Apostel Paulus hat viel daran getan, jegliche eigennützigen Absichten auszutreiben, um die Gläubigen zur lebenslangen Arbeit an ihrer Christusähnlichkeit anzuspornen. In seinem letzten Brief an die neu entstehenden christlichen Gemeinden, dem Römerbrief, schreibt er im Kapitel 12, Vers 8: «Wer andern etwas gibt, tue es ohne Hintergedanken; wer eine Leitungsaufgabe versieht, tue es mit Hingabe; wer Barmherzigkeit übt, tue es heiter und fröhlich.»

Hohe Ansprüche, die der Apostel da an sich und andere stellt. Dabei verbreitet er nach dem irdischen Tod Jesu im christlichen Kulturraum die Philanthropie um Gottes und der Nächsten willen. Philanthropie nach Paulus wird als eine Form von Gottesdienst verstanden, daher als Form, Gott zu dienen und Nächstenliebe zu leben. Unsere christliche Kultur hat der antiken, pragmatischen Form von Wohltätigkeit einen Strich durch die Rechnung gemacht. So ist auch gemeinhin bekannt, dass Philanthrop:innen nicht über ihre gemeinnützigen Aktivitäten reden, da es ja «nicht um sie geht». Selbstlosigkeit und Understatement (altmodisch: Demut) sind dem christlichen Kulturerbe inhärent und gelten als Tugenden. Auch wenn Selbstlosigkeit und Demut längst nicht mehr mit dem Christentum und der Bibel in Verbindung gebracht, sondern «einfach gelebt» werden, sind sie tief im kulturellen Bewusstsein verankert. Sicherlich gibt es nebst kulturellen Gründen noch andere, Gutes zu tun und zu schweigen: Als Stiftung darf man aus steuerrechtlichen Gründen keine Gegenleistung für eine gemeinnützige Wohltat erwarten. Somit besteht die Gefahr, als Cashcow behandelt zu werden. Auch deswegen haben Stiftungen in der Vergangenheit den Weg der Verschwiegenheit gewählt.

Weiter heisst es beim Evangelisten Matthäus, Kapitel 5, Vers 16: «So lasst euer Licht leuchten vor den Leuten, damit sie eure guten Werke sehen und euren Vater im Himmel preisen.»

Werke sind demnach Mittel zum Zweck: und zwar nicht nur für einen eigennützigen, sondern auch einen geistlichen. Gute Werke verweisen demnach nicht auf die Wohltätigen, sondern auf Gott. Säkular durchgedacht, bringt der Vers in Verlegenheit: Wenn es keinen Gott als Urheber und Quelle des Guten gibt, worauf sollen Stifter:innen dann öffentlich verweisen? Heute wird im säkularen Kontext das Argument vorgebracht, dass Stifter:innen nicht um ihrer selbst willen auf sich weisen müssten, sondern der Stiftung und schliesslich deren Bekanntheit wegen.

Die biblische Maxime: «Tue Gutes und rede nicht darüber», hat sich in den letzten Jahren zu «Tue Gutes und rede darüber» gewandelt. Der Evangelist Matthäus schreibt weiter in Kapitel 6, Vers 3 und 4: «Wenn du aber Almosen gibst, so lass deine linke Hand nicht wissen, was die rechte tut, auf dass dein Almosen verborgen bleibe; und dein Vater, der in das Verborgene sieht, wird dir's vergelten.»

Der Vers besagt, dass man nicht mit seinem «Almosen», in der heutigen Sprache mit seinen Spenden, prahlen soll, denn auf das Ansehen Gott-Vaters, und nicht der Menschen komme es an. In der Vergangenheit hat diese Intransparenz bezüglich Vermögen und Spenden schlimmstenfalls zum teilweise berechtigten Verdacht der Geldwäscherei und Steuerhinterziehung von Stiftungen geführt. Zudem gehört Intransparenz bei Spenden an politische Kampagnen – an denen sich auch NPOs beteiligen – zu den traurigen Kapiteln der wenigen Korruption in der Schweiz: Als letzter Mitgliedstaat des Europarats hat sie noch keine Gesetze zur Offenlegung von Spenden politischer Parteien und zur Finanzierung von Wahlkampfkampagnen wie Plakaten erlassen. Solche Gesetze würden bewirken, dass Spender:innen, welche die Obergrenze von 10 000 CHF überschreiten, namentlich ebenso bekannt gemacht würden wie die Höhe der Spendenkonten der Parteien.[98] Bei Grossspenden seinen Namen nicht offenlegen zu wollen, hat wie bereits erwähnt auch mit der Angst vor weiteren Spendenanfragen zu tun.

Darüber reden, um den Bekanntheitsgrad der Stiftung und ihrer Tätigkeiten zu erhöhen und die Transparenz: zwei wichtige Punkte, die für die heutige Zeit gelten und einer falschen Selbstlosigkeit und Demut entgegenwirken. Und: Wer seine Karten offenlegt, zeigt, dass er oder sie nichts zu verbergen hat. Deshalb ist heute immer wichtiger, wie und was eine Stiftung nach aussen kommuniziert: Was für ein Leitbild, welche längerfristigen Ziele hat sie, wie möchte sie diese erreichen und welche Mittel braucht sie dazu? Pressemitteilungen, Zeitungsartikel, eine informative Website, soziale Medien, Benefizveranstaltungen: Was die

---

98  humanrights.ch/de/ipf/menschenrechte/demokratie/intransparenz-parteifinanzierung?gclid=CjwKCAiA-9uNBhBTEiwAN3IINNSsbP6MtikGrbfSMSlOKJLxJjg_1VYY2xI8LR-dgpxDtgurrHhmcxoCGRYQAvD_BwE
transparenz-ja.ch/bevoelkerung-will-mehr-transparenz-in-der-politikfinanzierung/

Möglichkeiten betrifft, eine gute Sache an jedermann bis -frau zu bringen, sind einer Stiftung keine Grenzen gesetzt. Was den Werbeauftritt nach aussen betrifft, hinkt die Stiftung *ToGo opening eyes* noch ein wenig hinterher: Transparent wäre, wenn ein Leitbild oder die Stiftungsstatuten einsehbar wären. Zudem wäre es vorteilhaft, auf der Website eine Brücke zur UN-Agenda 2030 mit ihren 17 Zielen für eine nachhaltige Entwicklung zu schlagen (auf stiftung-togo.ch, Links): Die Ziele der UN-Agenda zeigen, dass Entwicklungszusammenarbeit vielschichtig ist und mehrere gesellschaftliche Aspekte beeinflusst.[99]

---

99 unric.org/de/17ziele/Rufer, Egloff, Förster, *Übersicht und Beurteilung von ToGo opening eyes*, stiftung-togo.ch, Links

Durch ihren humanitären Einsatz erfüllt *ToGo opening eyes* mehr als die Hälfte der 17 UN-Ziele:

## 1. KEINE ARMUT

Blinde haben ein grosses Handicap, wenn es darum geht, Geld zu verdienen. Die Stiftung schenkt Augenlicht und die Möglichkeit, die eigene Existenz zu sichern. Durch den Bau der neuen Augenklinik *Que Tu Voies* werden zudem Ausbildungs- und Arbeitsplätze geschaffen.

## 2. KEIN HUNGER

Die Möglichkeit, erwerbstätig zu sein (Punkt 1), führt zu Arbeit und damit Broterwerb.

## 3. GESUNDHEIT UND WOHLERGEHEN

Durch die Bekämpfung der Katarakt, aber auch weiterer Augenkrankheiten wie des Grünen Stars (erhöhter Augendruck) verbessert sich die Lebensqualität auf psychischer und physischer Ebene.

## 4. HOCHWERTIGE BILDUNG

Sehende Kinder können wieder zur Schule oder müssen sich nicht mehr um Angehörige kümmern, die einst blind waren. Zudem ermöglicht die Stiftung die Ausbildung von Augenärzt:innen sowie weiterem medizinischem Fachpersonal durch Coachings in Togo sowie Kurse und Seminare in der Schweiz, wozu sie togolesisches Fachpersonal in die Schweiz einfliegen lässt.

## 5. GESCHLECHTERGLEICHHEIT

Die Stiftung operiert Menschen unbesehen ihres Geschlechts.

## 8. MENSCHENWÜRDIGE ARBEIT UND WIRTSCHAFTSWACHSTUM

Durch die geplante Augenklinik *Que Tu Voies* schafft die Stiftung Arbeitsplätze für die togolesische Bevölkerung in den Bereichen Bau, Augenheilkunde, Hauswartung und Technik, Reinigung und Küche. Dieser Punkt hängt wiederum stark mit Punkt 1 zusammen.

## 9. INDUSTRIE, INNOVATION UND INFRASTRUKTUR

Die Stiftung richtet die bestehende Augenabteilung in Vogan mit der neusten Technologie ein. Der künftige Bau der Augenklinik *Que Tu Voies* soll ebenfalls technologisch hochwertig und zudem einzigartig und modellhaft werden. Der Bau mit dem von Dr. Gnanli Landrou entwickelten zementfreien und nachhaltigen Erdbeton (Cleancrete) trägt zu Innovation im Bereich Infrastruktur in Entwicklungsländern bei.

## 10. WENIGER UNGLEICHHEIT

Blinde können nicht gleichwertig am Alltag teilnehmen wie Sehende, was sich negativ auf sämtliche Lebensbereiche auswirkt. Oft sind Arme von vermeidbaren Erkrankungen betroffen, die zu einer Erblindung führen, da sie sich keine OP leisten können. Die Stiftung leistet einen Ausgleich, indem sie auch ihnen eine OP ermöglicht. Wenn Wohlhabende operiert werden (man erkennt sie unter anderem an ihrem guten Schuhwerk), wird ein Geldbetrag verlangt, der wiederum den Armen zugutekommt, da er in weitere OPs investiert wird.

## 13. MASSNAHMEN ZUM KLIMASCHUTZ

Die Augenklinik wird durch die Verwendung des Cleancretes umweltfreundlich und nachhaltig gebaut.

## 17. PARTNERSCHAFTEN ZUR ERREICHUNG DER ZIELE

Erst eine Zusammenarbeit mit der lokalen Bevölkerung, Regierung und weiteren Partnern wie privaten Spender:innen, Unternehmer:innen, Sponsor:innen und Stiftungen sichert längerfristig den Budgetplan und die Ziele der Stiftung.

# WAS HEISST «NACHHALTIG»?

## Und was bedeutet das für die Stiftungs- und Entwicklungszusammenarbeit?

Das Adjektiv «nachhaltig» ist bisher schon einige Male in Zusammenhang mit dem Stiftungswesen gefallen. Wir haben alle ein Gespür dafür, was es bedeutet: Etwas, das lange andauert und qualitativ hochwertig ist. Angesichts der unveränderten grossen systemischen und daher zusammenhängenden Probleme unserer Zeit seien die einzig wahren Lösungen nachhaltig, konstatierte Fritjof Capra vor knapp 20 Jahren. Der Begriff «nachhaltig» stammt aus der ökologischen Bewegung. Aus soziologischer Sicht lässt sich folgende Definition formulieren: Art und Weise der Gesellschaft, zu wirtschaften und ihre Bedürfnisse zu befriedigen, ohne die Chancen künftiger Generationen zu schmälern. Der Beliebtheit und Aktualität dieses Wortes liegt ein Paradigmenwechsel zugrunde. Ein Paradigma ist ein Set aus Begriffen, Werten und Praktiken, das von einer Gemeinschaft oder Gesellschaft geteilt und zur Lösung von Problemen verwendet wird. Verändern sich Paradigmen, geschieht das durch revolutionäre (und auch gewaltsame) Umbrüche, die den genannten Paradigmenwechsel mit sich bringen. Im vergangenen Jahrhundert wurden eine ganze Reihe von Paradigmen hinterfragt, die bis dahin als selbstverständlich gegolten und unser Denken und Handeln massgeblich geprägt hatten: das Bild von Welt und Mensch als Maschine, das Leben als Survival of the Fittest (Überleben der Starken auf Kosten der Schwachen), unbegrenzter materieller Fortschritt durch ökonomisches und technologisches Wachstum und schliesslich der Glaube, dass eine Gesellschaft, in der das Weibliche dem Männlichen unterliegt, einem Grundgesetz der Natur folgt. Diese Weltanschauungen sind seit den 1960er-Jahren kontinuierlich dekonstruiert und durch ein ganzheitliches Weltbild abgelöst worden. Dieses sieht die Welt als Ganzes statt als lose Ansammlung von Teilen. Capra spricht von ökologischem Bewusstsein: Dieses anerkennt die wechselseitige Abhängigkeit aller Phänomene wie die Tatsache, dass wir als Individuen und Mitglieder von Gesellschaften in die Natur eingebunden und von ihr abhängig sind. Capra entlehnt den Begriff «ökologisch» vom norwegischen Philosophen Arne Naess aus den frühen 1970ern. Darüber hinaus ist «ökologisch» mit einer weltweiten basisdemokratischen Bewegung verbunden, der Tiefenökologie, die nach wie vor an Bedeutung gewinnt.[100]

Das Wort Ökologie stammt vom Griechischen oikos (οἶκος) und bedeutet Haus. Das Wort Ökumene hat dieselbe Wortwurzel und bezeichnet die Zusammenarbeit unterschiedlicher Konfessionen «unter einem Dach», so bspw. der katholischen und der reformierten. Ökologie befasst sich demnach mit dem Haushalt der Erde, genauer mit den Zusammenhängen und Beziehungen, welche die Angehörigen des Erdhaushalts miteinander verbinden.

Naess unterscheidet zwischen seichter und tiefer Ökologie. Während Erstere den Menschen in den Mittelpunkt stellt (anthropozentrisches Weltbild), der die Natur beherrscht, sieht die zweite den Menschen als Teil eines Netzes aus verschiedensten Lebewesen (ökozentrisches Weltbild).[101] Capra geht sogar so weit, Tiefenökologie als spirituelles Bewusstsein zu verstehen. Damit meint er einen Bewusstseinszustand, in dessen Rahmen der Einzelne ein Gefühl der Zugehörigkeit, der Verbundenheit mit dem Kosmos als einem Ganzen empfindet. Tiefenökologie entspricht demnach einer Philosophia Perennis, einer immerwährenden oder ewigen Philosophie, die alle spirituellen Traditionen durch gemeinsame, tieferliegende Wahrheiten wie Nächsten- und Gottesliebe, Ehrfurcht vor dem Schöpfer und der Schöpfung und Wohltätigkeit verbindet. Allerdings gibt der österreichische Autor und Philosoph Peter Strasser (*1950) zu bedenken, dass die Bewahrung der Schöpfung ein spezifisch biblischer Gedanke sei, der sich in den

---

100  *Capra, Lebensnetz*
101  *Capra, Lebensnetz*

abrahamitischen Religionen Judentum, Christentum und Islam wiederfinde: dass die Reichtümer dieser Erde nicht uns gehörten, sondern uns von Gott übergeben seien, damit wir sie bewahren und pflegen. Strasser ist einer Philosophia Perennis gegenüber skeptisch eingestellt, da eine Vereinheitlichung aller Religionen dazu neige, dem Christentum nichts Positives mehr abzugewinnen, wobei gerade der Hinduismus und der Buddhismus seit der Ära der Blumenkinder einseitig als friedliche Religionen verherrlicht würden.[102]

Charakteristisch für die Tiefenökologie ist zudem, dass sie Fragen stellt: nach den verborgenen Grundlagen unseres wissenschaftlichen, wachstumsorientierten und materialistischen Weltbilds und der ihm entsprechenden Lebensweise. Die Tiefenökologie hinterfragt unsere Beziehungen zueinander, zu künftigen Generationen und zur Natur und Umgebung, in der wir leben. Die Sozialökologie als Zweig der Tiefenökologie befasst sich mit den Strukturen unserer Gesellschaft und den Wurzeln unserer vorherrschenden globalen Probleme. Damit verbunden ist der Ökofeminismus: Beide Zweige zeigen den zutiefst ökologiefeindlichen Charakter vieler unserer sozialen und ökonomischen Strukturen und deren Technologien in einem patriarchalen Herrschaftssystem auf. Dieses hat verschiedenste schädliche Auswüchse hervorgebracht: Imperialismus, Kolonialismus, Kapitalismus und Rassismus. Der Ökofeminismus sieht in der traditionellen Herrschaft der Männer über die Frauen den Prototyp jeder Herrschaft und Ausbeutung in ihren hierarchischen, militaristischen und kapitalistischen Formen.[103] Er stellt einen Zusammenhang her zwischen der Ausbeutung der Natur und der Ausbeutung von Frauen, da diese seit jeher mit der Natur gleichgesetzt werden. Auf Lateinisch ist natura, die Gestalt, das Äussere, weiblich. In der griechischen Mythologie beschreibt der Dichter Hesiod 700 v. Chr. das Gegensatzpaar Mutter Erde, repräsentiert durch Gaia (Γαῖα), die Erde und Uranos (Οὐρανός), den Himmelsgott. An dieser Stelle würde C. G. Jung von Archetypen reden[104]: Seit Urzeiten gibt es

---

102  nzz.ch/meinung/sanftheit-ist-nicht-immer-hilfreichgrenzen-des-oeko-denkens-ld.1662905
103  Capra, Lebensnetz
104  C. G. Jung, Archetypen

in fast allen Kulturen die gleichen Vorstellungen über Weiblichkeit und Männlichkeit. Traditionell wird die Erde in allen Kulturen als weiblich angesehen, da sie «von oben befruchtet» wird. Eine Ausnahme bildet Ägypten: Dort wird der Himmel als weibliche Beschützerin über die männliche Erde gesehen, da die «Befruchtung» durch den Nil stattfindet.

Eine ökofeministische Sicht anerkennt, dass in den westlichen Industriegesellschaften seit Jahrtausenden männliche Eigenschaften dominieren und bevorzugt werden, was längerfristig nicht nachhaltig ist. Nachhaltig ist, wenn weibliche und männliche Werte miteinander in Einklang sind, und nicht wie bisher besonders männliche Selbstbehauptung belohnt wird. Capra hat Begriffe dem Denken und unseren Werten zugeordnet. Dabei wird ein Muster erkennbar und wir begreifen, welche Denkweisen und Werte männlich und welche weiblich sind und auch welche gesellschaftlich belohnt werden:

| DENKEN | | WERTE | |
|---|---|---|---|
| Wird als positiv belohnt | Wird als negativ bestraft | Wird als positiv belohnt | Wird als negativ bestraft |
| SELBSTBEHAUPTEND | INTEGRATIV | SELBSTBEHAUPTEND | INTEGRATIV |
| rational | intuitiv | expansiv | erhaltend |
| analytisch | synthetisch | konkurrierend | kooperativ |
| reduktionistisch | ganzheitlich | quantitativ | qualitativ |
| linear | nicht linear | beherrschend | partnerschaftlich |

Werte unter dem Begriff «selbstbehauptend» werden im Allgemeinen mit Männern in Verbindung gebracht. Diese werden in einer patriarchalen Gesellschaft nicht nur bevorzugt, sondern auch mit ökonomischer und politischer Macht sanktioniert. Gerade deshalb fällt es Männern mitunter so schwer, einen Paradigmenwechsel zugunsten eines ausgeglichenen Wertesystems vorzunehmen. In einem patriarchalen System wird Macht durch exzessive Selbstbehauptung und schliesslich Herrschaft über andere ausgeübt. Der effektivste Weg, dies zu erreichen, liegt in der Erschaffung von Hierarchien. Diese finden sich überall dort, wo es um Machtpositionen geht: in der Politik, im Militär und in Unternehmen, in denen immer Männer das Sagen haben. Hierarchien bringen auch Identität mit sich: Jede:r weiss, welche Rolle er oder sie innehat, und findet sich in klaren Strukturen und Verhältnissen wieder, was auch Sicherheit mit sich bringt. Deshalb ist ein Paradigmenwechsel auch für Frauen schwierig: Wie sollen die neue schöne Welt mit mehr Gleichheit, Gerechtigkeit und der mühevolle Weg dahin aussehen? Veränderungen geschehen nicht von allein. Sie geschehen auch nicht von heute auf morgen: Sie bringen Anstrengung und mehr Verantwortung mit sich, was einige Frauen dazu veranlasst, den Status quo zu akzeptieren. Capra plädiert für eine Umdeutung von Macht: Die bessere Art, Macht auszuüben, sei, Einfluss zu nehmen. Macht wird somit nicht über Hierarchien ausgeübt, sondern über Netzwerke, die zentral sind für die Tiefenökologie, da diese alle Lebewesen miteinander vernetzt. Ein tiefenökologisches Weltbild führt zu Nachhaltigkeit und ist somit zutiefst ethisch, da wir uns unserer (Um)welt zugehörig und somit verantwortlich für sie fühlen.[105]

Für die Stiftungs- und Entwicklungszusammenarbeit ergibt sich aus den Erkenntnissen Capras und seines Nachhaltigkeitsbegriffs Folgendes: Tätigkeiten und deren Auswirkungen sind immer in einen globalen Kontext einzuordnen. Gerade für den afrikanischen Kontinent bedeutet dies, sich als Stiftung die europäische Geschichte von Kolonialismus und Arroganz, Rassismus und Ausbeutung zu vergegenwärtigen. Stiftungstätigkeiten müssen nachhaltig sein, wenn sie mehr als

---

105  *Capra, Lebensnetz*

blosse Trostpflaster sein wollen. Empfänger:innen sind nicht einfach unmündige Objekte, sondern Teile des Ganzen. Oder religiös ausgedrückt: Brüder und Schwestern. Es geht nicht darum, zu herrschen, sondern darum, zu kooperieren und auf die Bedürfnisse der Zielgruppe einzugehen. Kooperation heisst auch, dass man bereit ist, dazuzulernen, und sich als Stiftung zugleich als Gebende und Nehmende versteht.

# UNTERNEHMERISCHE PHILANTHROPIE

## Social Investment und Clusterprojekt
## statt kurzfristiger Spenden

Wie führt man eine Stiftung nachhaltig? Wie steckt man Zeit, Geld und Energie in Menschen und Projekte, damit diese in Zukunft etwas davon haben und sie für die nächste Generation bestehen bleiben? Doch beginnen wir von vorn: Unter «Entwicklungshilfe» verstand man, wie SRF am Beispiel von Ghana im April 2021 aufzeigte[106], lange Zeit Folgendes: geschenkte Computer, die unbenutzt verstauben, weil Geld, Strom und Fachwissen fehlen, und gespendete Medikamente, die verderben. Ausländische Hilfe ist oft nicht nachhaltig. Vom Zeitpunkt von Ghanas Unabhängigkeit von Grossbritannien vor 50 Jahren bis 2013

---

106  srf.ch/news/international/abkehr-von-entwicklungshilfe-ghanas-plan-gegen-verstaubte-computer-und-abgelaufene-medikamente

sind 500 Mrd. USD Entwicklungshilfe in den afrikanischen Kontinent geflossen, ohne etwas an der Situation des «globalen Armenhauses» insbesondere südlich der Sahara zu ändern.[107] Der Beitrag von SRF entbehrt nicht der Aktualität. Entwicklungshilfe: Allein das Wort suggeriert Passivität seitens derjenigen, die Hilfe in Anspruch nehmen. Und oft ist es genau so: Nachdem ein Projekt lanciert und beendet worden ist, fehlt es an Geld und Fachwissen, aber auch am Willen, es fortzuführen. Wie dem entgegenwirken zugunsten von mehr Eigeninitiative der Bevölkerung vor Ort? Ghana hat sich entschieden, dass Entwicklung von innen kommen soll, und möchte die passive Entwicklungshilfe hinter sich lassen. Ende Februar 2020 war Ghanas Staatspräsident Nana Akufo-Addo auf Staatsbesuch in der Schweiz und sprach vom wohl grössten Unterfangen seiner Amtszeit: Ghana Beyond Aid, Ghana jenseits von Hilfe. Seine Vision: ein Ghana, das nicht mehr auf Hilfe, Wohltätigkeit und Almosen angewiesen ist, ein eigenständiges Ghana. Denn: Ein Drittel des Staatshaushalts stammt aus Spenden und Darlehen. Die Geldgeber:innen bestimmen, wohin finanzielle Hilfe fliesst. Ghana will jedoch Selbstbestimmung. Erlangt werden soll diese durch mehr Steuereinnahmen, eine grössere Agrarproduktion und verstärkte Industrialisierung. Damit Ghana die ausländische Hilfe hinter sich lassen kann, braucht es lokale Investments. Dahinter steht die Idee des Eigentums: Wenn einem etwas gehört, wird man Sorge dazu tragen. Ein Geschenk, eine Spende hat nicht denselben emotionalen Wert wie etwas, das man sich selbst erarbeitet hat. Entwicklungshilfe gehört der Vergangenheit an, aktive Entwicklungszusammenarbeit jedoch trägt nachhaltig Früchte, wenn die Rahmenbedingungen von Regierung und Politik stimmen. Doch leider ist die Regierung instabil und Korruption ein grosses Problem. Besonders in ländlichen Gebieten gibt es ungenügend Bildung, Strom- und Gesundheitsversorgung. Ohne die Hilfe von NPOs und der Kirche würde in diesen Gebieten gar nichts gehen. Doch das Ziel Ghanas bleibt, mehr Einnahmen zu generieren, was wiederum der Bevölkerung zugutekommt. So soll zum Beispiel die Mehrwertsteuer elektronisch erfasst werden, damit mehr Transaktionen besteuert werden

---

107 focus.de/finanzen/news/milliarden-aus-mitleid-entwicklungshilfe_id_2256104.html

können. Ein Weg, den derzeit auch andere afrikanische Staaten beschreiten. Ghana will mehr Steuern einfordern und gleichzeitig mehr Investoren anziehen, so die Ghana-Beyond-Aid-Strategie. Der wirtschaftliche Aufschwung der letzten Jahre hat sich aus Ölfunden an der Küste ergeben. Ghanas Rohstoffe sind zahlreich: Gold, Kakao und Erdöl. Diese sollen nicht mehr unverarbeitet exportiert werden. Dies sprach auch Nana Akufo-Addo bei seinem Staatsbesuch in der Schweiz an: Ghana soll nicht mehr von Rohstoffexporten ins Ausland abhängig sein, sondern vermehrt Rohstoffe im Land selbst verarbeiten. Nach der Elfenbeinküste ist Ghana der zweitwichtigste Kakaoproduzent. Der Löwenanteil der Kakaobohnen verlässt das Land unverarbeitet. Bei ihrer Gründung 2007 war Niche Cocoa die erste Kakaofirma in ghanaischen Händen. Heute macht das Unternehmen pro Jahr 120 Mio. USD Umsatz. Aufgrund regelmässiger Stromausfälle und der endlosen Bürokratie läuft der Betrieb aber nicht immer reibungslos. Niche Cocoa ist ein gutes Beispiel, wie sich lokales oder Social Investment betreiben lässt.[108] Es zeigt, wie sich als NPO in ein Unternehmen investieren lässt mit dem Ziel, Arbeitsplätze und Absatzmärkte zu schaffen: Die Kakaobohnen werden nicht exportiert, sondern zu Schokolade verarbeitet. Dadurch entsteht eine Wertschöpfungskette. Sie beschreibt eine Reihe von Tätigkeiten, von der Ernte der Kakaobohnen bis zur Verarbeitung zu Schokoladentafeln. Während des Verarbeitungsprozesses werden Ressourcen verbraucht, Arbeitsplätze geschaffen und schliesslich Waren, die dank Verarbeitung den Wert des Rohmaterials übersteigen.

*Wertschöpfungskette – von der Kakaobohne zur Schokoladentafel*

---

108   https://www.srf.ch/audio/international/ghana-will-die-hilfe-hinter-sich-lassen?id=11958284

Wenn gemeinnützige NPOs wie Stiftungen einem Land nachhaltig zu besseren Lebensbedingungen verhelfen wollen, müssen sie Unternehmergeist mitbringen, das heisst als unternehmerische Philanthropen agieren. Sie müssen sich aber auch auf Land und Leute einlassen und gemeinsam mit den Menschen vor Ort etwas erarbeiten, und zwar etwas, das diesen entspricht.

Ghana Beyond Aid ist Vorbild für ein Africa Beyond Aid, auch wenn erst kleine Ansätze dazu vorhanden sind. Hilfe zur Selbsthilfe wird somit durch lokales oder Social Investment geleistet: Gemeinnützige NPOs wie Stiftungen spenden nicht einfach Material oder Geld, das in kürzester Zeit versickert, sondern investieren in Bildung, Ausbildungsplätze, Unternehmen und das Gesundheitssystem, in Grundpfeiler, die durch die lokale Bevölkerung erhalten werden und einen nachhaltigen Mehrwert für die Gesellschaft vor Ort und die nächste Generation generieren.

Die Stiftung *ToGo opening eyes* lebt ein nachhaltiges Modell vor: Gestartet ist sie 2014 mit einer Abteilung im Spital von Vogan. Seit August 2020 ist sie offiziell auch in Togo als Stiftung unter der Nummer 0177 anerkannt. Nun verfolgt sie das ehrgeizige Ziel, die erste moderne, das heisst nach unseren Kriterien ausgestattete, Augenklinik Westafrikas zu bauen. Mit dem mehrjährigen Bau einer in Etappen errichteten, modularen Augenklinik sollen Menschen mit Linsentrübungen (Katarakt), aber auch mit weiteren Augenerkrankungen ganzjährig behandelt werden: hoher Augendruck (Grüner Star), Lidoperationen und Lasereingriffe sowie Netzhautoperationen. Hierfür braucht es Gebäude: die Augenklinik selbst, eine Küche sowie Personalwohnungen, Technik und eine Garage. Damit werden Ausbildungs- und Arbeitsplätze in den Bereichen Bau, Küche, Technik und Hauswartung, Fahrdienst, Raumpflege und Ophthalmologie geschaffen. Die Ausbildung von einheimischen Ärzt:innen und lokalem Pflegepersonal muss dabei über mehrere Jahre begleitet werden. Die Augenklinik wird voraussichtlich 2037 vollständig fertiggestellt und soll dann der togolesischen Bevölkerung übergeben werden.

Die Stiftung hat begriffen, dass zur nachhaltigen Führung einer Stiftung,

WOHNEN // BAUPHASEN 3+4          KÜCHE // BAUPHASE 3          AUGENKLINIK// BAUPHA/

die im Ausland Hilfe zur Selbsthilfe anbietet, auch die Planung eines gelungenen Ausstiegs gehört, gerade wenn es sich um grosse Projekte handelt. Wichtig ist, die Projektdauer und den Ausstieg frühzeitig zu kommunizieren und zu planen, damit Fördertätigkeiten dauerhaft gesichert werden.[109]

In Anlehnung an die Vorgehensweise des Vereins Smiling Gecko, der in Kambodscha tätig ist, kann von einem Mini-Clusterprojekt gesprochen werden. Ein Clusterprojekt besteht aus mehreren Einheiten, die eine Umgebung nachhaltig verbessern. *ToGo opening eyes* tut dies im Kleinformat. Der Verein Smiling Gecko ist ein Vorbild für alle gemeinnützigen NPOs, da er im Gegensatz zu den meisten von diesen ein Clusterprojekt im Grossformat verfolgt: Der Verein verfolgt keinen singulären Ansatz, indem er sich nur auf ein Gebiet wie Brunnenbau, Waisenhäuser oder Medizin konzentriert, sondern einen ganzheitlichen, der zu einer nachhaltigen Verbesserung der Lebensumstände der Bevölkerung vor Ort in verschiedensten Bereichen führt. So fördert Smiling Gecko zahlreiche Projekte in der Landwirtschaft und (Aus)bildung, im Tourismus und Handwerk. Auf smilinggecko.ch wird die Idee hinter dem Clusterprojekt wie folgt zusammengefasst: «Die einzelnen Projekte sollen sich selbst tragen und nach einer Anlaufzeit die Schule und damit auch die Ausbildung der Kinder finanzieren. Dadurch entsteht das exemplarische Modell einer funktionierenden ländlichen Community, die den Menschen Bildung, menschenwürdige Arbeit und nachhaltige Einkommen sichert.»

---

109  Von Schnurbein/Timmer, Die Förderstiftung

*Die Stiftung ToGo opening eyes plant eine moderne Augenklinik in Westafrika.*

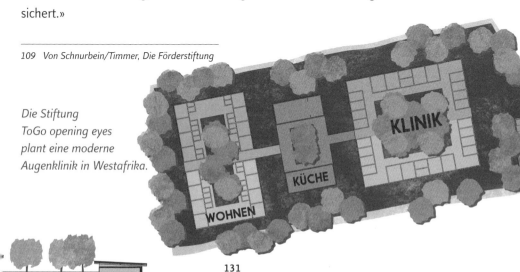

NIK & GARAGE// BAUPHASE 2

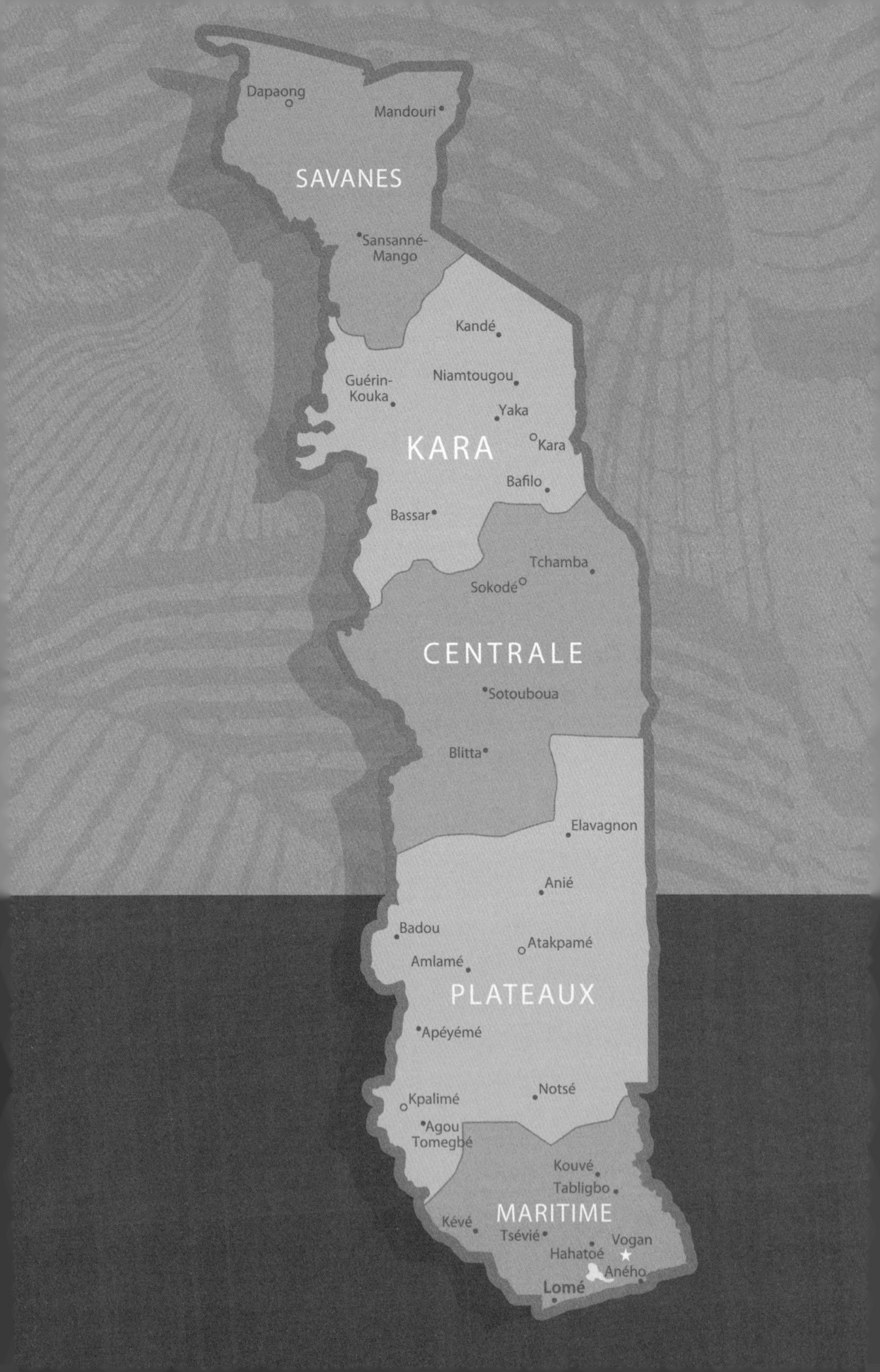

Dapaong
Mandouri
SAVANES
Sansanné-
Mango
Kandé
Guérin-
Kouka
Niamtougou
Yaka
Kara
KARA
Bafilo
Bassar
Tchamba
Sokodé
CENTRALE
Sotouboua
Blitta
Elavagnon
Anié
Badou
Atakpamé
Amlamé
PLATEAUX
Apéyémé
Notsé
Kpalimé
Agou
Tomegbé
Kouvé
Tabligbo
MARITIME
Kévé
Tsévié
Vogan
Hahatoé
Aného
Lomé

# UNBEKANNTES TOGO

Togo, ein Land in Westafrika, musste vor dem ersten humanitären Einsatz 2014 auf der Weltkarte gesucht werden.[110] Bekannt vom Namen her aus kolonialistischer Zeit, aber doch unter dem Schleier der Vergangenheit. Früher war Lomé, die Hauptstadt Togos, «la plus belle» (die Schönste), heute ist sie «la poubelle» (der Abfalleimer).

Nachfolgend einige Details zur unbekannten Bekannten oder bekannten Unbekannten.

---

110  Zu Westafrika gehören die Länder Benin, Burkina Faso, Elfenbeinküste, Gambia, Ghana, Guinea, Guinea-Bissau, Kap Verde, Liberia, Mali, Mauretanien, Niger, Nigeria, Senegal, Sierra Leone, Togo und die britischen Überseeinseln St. Helena, Ascension und Tristan da Cunha. Im Süden und Westen ist Westafrika durch den Atlantik begrenzt. Zum Westteil Afrikas gehören auch die nördlichen Maghrebländer Tunesien, Algerien und Marokko sowie das Gebiet der Westsahara (Nordwestafrika).
de.wikipedia.org/wiki/Westafrika

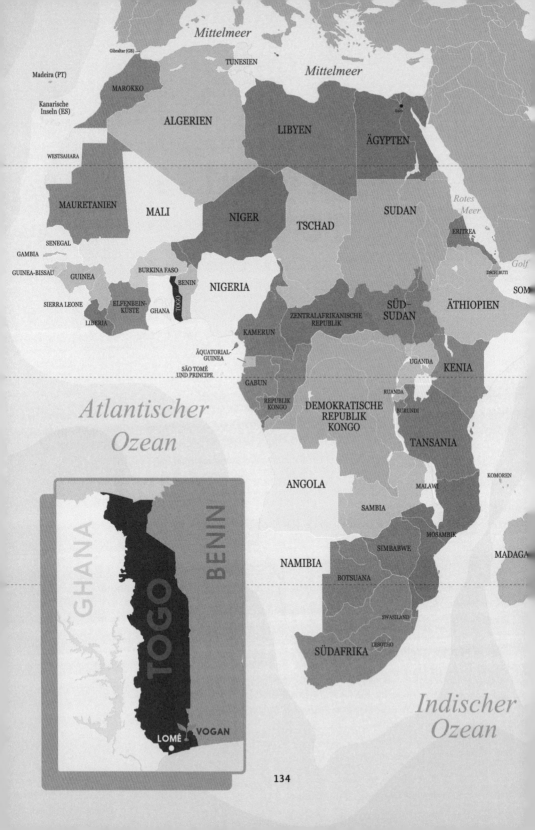

Mittelmeer

Gibraltar (GB)

TUNESIEN

Mittelmeer

Madeira (PT)

MAROKKO

Kanarische
Inseln (ES)

ALGERIEN

LIBYEN

ÄGYPTEN

WESTSAHARA

Rotes
Meer

MAURETANIEN

MALI

NIGER

TSCHAD

SUDAN

ERITREA

SENEGAL

Golf

GAMBIA

DSCHIBUTI

GUINEA-BISSAU

BURKINA FASO

GUINEA

BENIN

NIGERIA

SÜD-
SUDAN

ÄTHIOPIEN

SOM

SIERRA LEONE

ELFENBEIN-
KÜSTE

TOGO

ZENTRALAFRIKANISCHE
REPUBLIK

LIBERIA

GHANA

KAMERUN

ÄQUATORIAL-
GUINEA

UGANDA

KENIA

SÃO TOMÉ
UND PRINCIPE

GABUN

RUANDA

Atlantischer

REPUBLIK
KONGO

DEMOKRATISCHE
REPUBLIK
KONGO

BURUNDI

TANSANIA

Ozean

KOMOREN

ANGOLA

MALAWI

SAMBIA

MOSAMBIK

GHANA

BENIN

MADAGA

SIMBABWE

NAMIBIA

BOTSUANA

TOGO

SWASILAND

LOMÉ

VOGAN

SÜDAFRIKA

LESOTHO

Indischer
Ozean

134

# LAND

## Geografie

Schaut man sich Togo auf der Landkarte an, fällt einem ein Stück rechteckiges, langgezogenes Land in Westafrika auf, am Golf von Guinea und in Äquatornähe gelegen. Im Westen grenzt es an Ghana, im Osten an Benin und an Burkina Faso im Norden. Hauptstadt und Regierungssitz ist Lomé. Das Rechteck lässt sich wie folgt ausmessen: von Norden nach Süden 550 Kilometer und von Westen nach Osten nur 50 bis 140 Kilometer. Damit ist Togo mit seinen knapp 57 000 Quadratkilometern Gesamtfläche (die Schweiz ist etwas über 41 000 Quadratkilometer gross) für afrikanische Verhältnisse ein Kleinstaat. Mit seinen 4,8 Millionen Einwohner:innen (Schweiz: 8,8 Millionen) ist Togo jedoch dicht besiedelt.[111] An der 56 Kilometer langen Küste finden sich von Kokospalmen gesäumte Lagunen und Sandstrände. In den niederen Lagen nördlich und südlich existiert eine von Baobab- und Sheanuss-Bäumen bewaldete Savanne. Afrikanische Tiere sind nur in Reservaten zu sehen und grösstenteils aus Südafrika importiert. Zentral westlich gelegen findet sich eine hüglige Zone in der Nähe von Kpalimé, aus welcher der höchste Berg emporragt, der Mont Agou mit 986 Metern Höhe über Meeresspiegel. Im Vergleich zur Dufourspitze mit ihren etwas mehr als 4500 Metern über Meer ist der Mont Agou ein Hügel. Der längste Fluss ist der Mono mit 467 Kilometern Länge. Er verläuft von Norden nach Süden und ist auf 50 Kilometern als Wasserstrasse nutzbar. Mit dem 1960 erbauten Hafen von Lomé hat Togo den ersten Tiefwasserhafen Afrikas.

---

111  *Renate Helm, Politische Herrschaft in Togo*

# Klima

Da das Land in Äquator- und Meeresnähe liegt, ist das Klima das ganze Jahr hindurch tropisch feucht mit einer Durchschnittstemperatur von 30 °C. Die heissesten Monate sind Februar und März. Im Dezember und Januar weht der Staub mit sich bringende Harmattan aus dem Norden. Im Norden regnet es von Mai bis Oktober, im Süden kommt es zu zwei Regenzeiten: von April bis Juni und von September bis November, wobei Juni und Oktober die regenreichsten Monate sind. Es gibt zahlreiche Nebenarme der beiden Flüsse Oti im Norden und Mono vom Gebirge Atokara bis zur Küste, die vom Regen gespeist werden. Durch die Regenmonate und Flüsse hat Togo eine wichtige hydrografische Reserve, die jedoch noch zu wenig gut genutzt wird. Es gilt so zu bauen, dass Gebäude und Strassen Überschwemmungen und Erdrutschen standhalten. Togos Strassen sind aber nicht genügend gut ausgebaut, weshalb es durch Überschwemmungen und Erdrutsche immer wieder zu Verkehrsbehinderungen kommt.[112] China ist bemüht, in Togo gute Strassen zu bauen, und erhält dafür Rohstoffe. Leider wird aber ungenügend für den Unterhalt der Strassen gesorgt.

Ein grosser Staudamm im Fluss Mono versorgt nur einen kleinen Teil des Landes mit Elektrizität, Stromausfälle sind gang und gäbe. Es gibt noch einen weiteren, kleinen Staudamm in der Nähe des Wasserfalls von Kpimé, zwischen Kpalimé und Atakpamé.[113]

# Gesundheit

Für die Einreise nach Togo sind diverse Impfungen gegen Masern, Gelbfieber sowie Poliomyelitis (Kinderlähmung) obligatorisch oder empfohlen. Insbesondere die Gelbfieberimpfung ist zwingend. Zur Gesundheitslage und zu den

---

112  auswaertiges-amt.de/de/aussenpolitik/laender/togo-node/togosicherheit/213850#content_2
113  de.wikipedia.org/wiki/Togo
ambassadedutogo.ch/page-geographie-19

Einreisebestimmungen gibt das Auswärtige Amt (EDA) ausführlich Auskunft. Umfassender sind die Informationen der togolesischen Botschaft in Genf. Auf voyage. gouv.tg findet sich das elektronische Visumsformular. Eine Alternative ist bisher der schriftliche Antrag bei der togolesischen Botschaft in Genf. Ein Beispiel, wie der Brief mit dem Visumsantrag nach Genf frankiert sein muss, liegt auf Seite 169 bei. Auch die Briefmarken für die Rücksendung des Visums müssen beigelegt werden! Das Visum kann ausserdem auch für sieben Tage direkt am Flughafenzoll in Lomé gekauft werden (siehe auch S. 166/167).

Im Land grassieren weitere gravierende Krankheiten wie Cholera aufgrund des schmutzigen Trinkwassers und roher Lebensmittel, das durch Mücken übertragene Denguefieber, HIV/Aids sowie Durchfallerkrankungen aufgrund schlechter Hygiene, um nur eine Auswahl zu nennen. Wie bereits erwähnt, ist eine Gelbfieberimpfung zwingend und ohne sie gibt es keine Einreisebewilligung. Die Impfung erfolgt direkt am Flughafenzoll in Lomé mit der Begründung, dass nochmals geimpft werden müsse, da die Schweizer Impfung nicht wirke. Alternativ können auch 100 EUR bezahlt werden, damit die Wirksamkeit der Schweizer Impfung in Kraft tritt. So geschehen der Reisegruppe von *ToGo opening eyes* 2014. Mit Hoffnung auf Besserung der Flughafen-Impfkorruption im Jahr 2023.

Die häufigste Krankheit ist Malaria, die durch infizierte Moskitos übertragen wird: 2018 starben 94% der Malariainfizierten in Afrika. Kinder unter fünf Jahren sind besonders gefährdet: UNICEF berichtet, dass alle zwei Minuten ein Kind an Malaria stirbt. In Togo ist Malaria die häufigste Ursache für Hospitalisierungen und Tod. 2020 stellte die togolesische Regierung zur Bekämpfung von Malaria sicher, dass von Global Fund finanzierte Moskitonetze mit Insektiziden an die Bevölkerung verteilt wurden. Andere Mittel zur Bekämpfung waren kostenlose Malariaschnelltests und unentgeltliche Behandlungen bei gravierenden Krankheitsverläufen.[114]

Es empfiehlt sich eine Beratung durch Tropen- oder Reisemediziner. Klar ist jedoch, dass infektiöse Krankheiten zahlreicher sind als in der Schweiz und die

---

114 *unsdg.un.org/latest/stories/togo-fighting-leading-cause-death-malaria*

medizinische Versorgung im Vergleich ungenügend ist. Medizinisch besonders gut ausgerüstet sind die Apotheken der Hauptstadt Lomé mit französischen Beständen. Zurzeit ist die Einreise aufgrund der Covid-19-Situation eingeschränkt. Alle Einreisenden müssen sich vorab elektronisch registrieren und einen Nachweis des BAG hochladen, dass man zweimal geimpft ist.

Weitere ausführliche und aktuelle Reise- und Sicherheitshinweise sind auf auswaertiges-amt.de/de zu finden.

# SICHERHEIT, POLITIK, WIRTSCHAFT, ARMUT UND KORRUPTION

Laut Umfragen des Afrobarometers 2021 sind die drei wichtigsten Anliegen der togolesischen Bevölkerung folgende: 85% der Togoles:innen wollen eine Beschränkung des Präsidentschaftsamts auf maximal zwei Amtszeiten mit acht Jahren. Momentan herrscht inoffiziell eine Diktatur, die durch den Tod von Gnassingbé Eyadéma 2005 eigentlich aufgehoben wurde, jedoch durch seinen Sohn Faure Gnassingbé weiter besteht. 45% der togolesischen Bevölkerung sind unzufrieden mit der Regierung, da diese nur auf ihre eigenen Vorteile bedacht sei. Und schliesslich sehen 43% der Bevölkerung das Thema Gesundheit als höchste Priorität des Landes.[115]

---

115  afrobarometer.org/countries/togo-0

# Sicherheit

Besonders im äussersten Norden besteht die Gefahr von terroristischen Gewaltakten, Entführungen und Übergriffen durch kriminelle oder terroristische Gruppierungen aus Burkina Faso. Von Reisen im Grenzgebiet zu Burkina Faso nördlich von Daopang wird abgeraten. Seit August 2017 bestehen soziale Spannungen in Togo, die sich in Protesten und Demonstrationen entladen. Vereinzelt kommt es dabei auch zu gewaltsamen Auseinandersetzungen und Verkehrsbehinderungen durch Strassenbarrikaden. Derzeit ist die Lage zwar ruhig, es ist aber erneut mit einzelnen Protesten zu rechnen (Stand: 11.07.23).

Gefahren bei Einbruch der Dunkelheit sind das grösste Problem. Lomé liegt nahe am Äquator, daher wird es in der Regel um 18 Uhr dunkel. Die Innenstadt Lomés ist dann zu meiden, da Banden dort ihr Unwesen treiben. Die Strassen im Norden des Landes sind bei Einbruch der Dunkelheit und nachts sehr gefährlich. Aus eigener Erfahrung muss dringend von nächtlichen Fahrten abgeraten werden. Die Strassen sind nicht beleuchtet und Hindernisse wie auf der Fahrbahn stehende Lastwagen werden leicht übersehen. Bewaffnete Überfälle auf Autos finden hauptsächlich nachts statt. Beim Reisen ist daher besondere Vorsicht geboten: Man sollte sich nur bei Tageslicht und in Gruppen bewegen und nur die nötigsten Wertsachen bei sich tragen. Weitere Risiken bestehen im Strassenverkehr: Strassen und Fahrzeuge befinden sich häufig in einem schlechten Zustand. Zudem behindern Fussgänger und Tiere auf der Fahrbahn sowie mangelnde Strassen- und Fahrzeugbeleuchtung den Verkehr. Von einer Fahrt mit den weit verbreiteten Motorrad-Taxis ist abzuraten, da sie häufig in schwere Unfälle verwickelt sind. (Taschen-)Diebstähle und Raubüberfälle kommen im Grossraum Lomé auch gegen europäische Touristen und insbesondere an Stränden vor.[116]

---

116 auswaertiges-amt.de/de/aussenpolitik/laender/togo-node/togosicherheit/213850

## Politik, Wirtschaft, Armut und Korruption

Laut aktuellem Entwicklungsindex der Vereinten Nationen (Human Development Index, HDI 2020) rangiert Togo unter den Schlusslichtern, was Wohlstand, Bildung und Sterblichkeit betrifft, nämlich auf Platz 167 von 189 Ländern. Nach fast 40 Jahren offizieller Diktatur unter Gnassingbé Eyadéma hat das Land noch einen weiten Weg Richtung mehr Demokratie und gesellschaftliche Öffnung vor sich. Inoffiziell ist das Land immer noch eine Diktatur, da nach Gnassingbé Eyadémas Tod 2005 bei einem Flugzeugabsturz sein Sohn Faure Gnassingbé mit Hilfe der togolesischen Armee und gegen die Verfassung zum neuen Präsidenten erklärt wurde. Faure Gnassingbé ist bis heute im Amt. Ihm wird von der Europäischen Union Wahlbetrug vorgeworfen.[117]

---

117   de.wikipedia.org/wiki/Togo

Nichtsdestotrotz verfolgt die Regierung Togos mit ihrer Vision Togo 2030 das ehrgeizige Ziel, bis 2030 zu einem Land mittleren Einkommens aufzusteigen. Das Entwicklungsziel ist Teil der Agenda 2030 der Vereinten Nationen mit ihren 17 Zielen für nachhaltige Entwicklung.[118] 2018 wurde Togo in die G20-Initiative Compact with Africa aufgenommen. Diese wurde 2017 unter deutscher G20-Präsidentschaft ins Leben gerufen und fördert privatwirtschaftliche Investitionen in Afrika. Die von der Regierung eingeleiteten Reformbemühungen sind jedoch längst nicht zur breiten Bevölkerung durchgedrungen: Armut, Arbeitslosigkeit und Fachkräftemangel sind weit verbreitet. Korruption und innenpolitische Spannungen hemmen die politische, wirtschaftliche und soziale Entwicklung des Landes. Beim Korruptionsindex erzielt Togo eine tiefe Punktzahl, was nichts Gutes bedeutet. Das Land erhält 29 von 100 Punkten und ist somit auf Rang 134 von

---

118  bmz.de/de/entwicklungspolitik/reformkonzept-bmz-2030

179, gehört also zu den korruptesten Ländern der Welt.[119] Deutschland will den eingeschlagenen Reformkurs der Regierung unterstützen und hat darum im Mai 2021 eine Reformpartnerschaft mit Togo vereinbart. Die deutsche Entwicklungszusammenarbeit in Togo war zwischen 1993 und 2021 unterbrochen.[120] Die Zusammenarbeit wurde in der Folge aufgrund deutlicher Fortschritte im Bereich Demokratie, Rechtsstaatlichkeit und Menschenrechte wieder aufgenommen. Aktuell ist Deutschland der grösste bilaterale Geber des Landes. So zählt Togo für das BMZ, das deutsche Bundesministerium für wirtschaftliche Zusammenarbeit und Entwicklung, gemeinsam mit Äthiopien, der Elfenbeinküste, dem Nachbarstaat Ghana, Marokko, dem Senegal und Tunesien zu den Reformpartnern. Das BMZ unterstützt als Reformpartner besonders reformorientierte Länder. Diese erhalten Reformfinanzierungen oder höhere Zusagen, gebunden an ihre Erfolge.

119   transparency.org/en/cpi/2020/index/mrt
120   bmz.de/de/laender/togo#anc=Reformpartnerschaft

Die wirtschaftlichen Grundlagen des Landes wären gut, würden sie nur genutzt: Besonders der Süden Togos mit seinen zwei regenreichen Jahreszeiten bringt eine fruchtbare Landwirtschaft hervor: So sind denn auch zwei Drittel der Bevölkerung in der Landwirtschaft tätig.[121] Wasser und Nahrungsmittel sind genug vorhanden. Was in Togo fehlt, sind Industrie, Handwerk und Infrastruktur. Was so lapidar aufgezählt daherkommt, umschreibt konkret gesagt beinahe das gesamte Wirtschaftssystem: Es gibt kaum Lehrlingsausbildungen. Es gibt zum Beispiel nur wenige, die ein Velo reparieren können. Alle Lehrlingsberufe, die den Reichtum eines Landes ausmachen, sind schlecht vertreten: Sanitär:innen, Baumeister:innen und Maurer:innen, Automechaniker:innen usw. Mexiko und Indien, wo Armin Junghardt vor 10 und 20 Jahren humanitäre Einsätze geleistet hat, entwickeln sich im Gegensatz zu Togo laut Human Development Index seit den 1990ern kontinuierlich (Mexiko: Platz 74. Indien: Platz 131. Togo: Platz 167 von 189). Es sind Länder, die sich hochgearbeitet und eine eigene Wirtschaft und Produktion entwickelt haben. Einmal hat Père Théo versucht, eine zweijährige Landwirtschaftslehre aufzuziehen. Das Projekt ist gescheitert, weil ihn die Auszubildenden bestohlen haben. Was fehlt, ist eine Ethik des Gebens und Nehmens: ein Bewusstsein für einen längerfristigen Kreislauf, in dem es nicht ums schnelle Geld geht, sondern am Ende jede:r belohnt wird. Am meisten werden Pfarrpersonen ausgebildet. Dieser Beruf ist sehr beliebt, da Pfarrpersonen ein Studium, eine Unterkunft und soziales Prestige erhalten.

Wer bereits viel investiert hat und immer noch daran ist, in Afrika zu investieren, ist China. Der Flughafen in Togos Hauptstadt Lomé wurde von den Chinesen gebaut. Ihnen gehört auch ein Teil des Hafens von Lomé, des einzigen Tiefwasserhafens von ganz Westafrika. In Ghana sind sie ebenfalls dabei, einen Fischereihafen zu bauen, der 2023 fertiggestellt werden soll. Seit 2009 ist China wichtigster Handelspartner des afrikanischen Kontinents und hat die USA auf Platz zwei verwiesen.[122] Afrika ist aufgrund seiner zahlreichen Rohstoffe interessant: Erdöl, Kohle,

121   Rufer, Egloff, Förster, Übersicht und Beurteilung von ToGo opening eyes
122   srf.ch/play/tv/sternstunde-philosophie/video/felwine-sarr---gehoert-afrika-die-zukunft?urn=urn:srf:vi-deo:f4f8643e-2eda-48ab-9053-c611aa01adc2

*Der Flughafen in Togos Hauptstadt Lomé wurde von China gebaut.*

Mineralien, Bauxit, Kupfer, Zink, Gold, Platin und Eisenerz. Als Gegenleistung für chinesische Bauprojekte bietet Afrika Rohstoffe an. Doch diese werden oft unter dem Weltmarktpreis verkauft, wobei die Regierungen Schmiergelder kassieren. Chinesische Bauprojekte werden auch über günstige Kredite finanziert.

Dabei hat sich Afrika massiv verschuldet: Laut Internationalem Währungsfonds IMF ist die Verschuldung von Subsahara-Afrika von 2013 bis 2017 von 34% des Bruttoinlandprodukts[123] auf 53% angestiegen, grösster Gläubiger ist China. Insgesamt sind zwischen 2000 und 2007 143 Mrd. USD von China nach Afrika geflossen, wie die NZZ 2018 berichtete. Die Verschuldung mündet in Knebelverträge, so wie bspw. in Sri Lanka: Die chinesischen Kredite, mit denen der Hafen Hambantota ausgebaut wurde, konnten nicht beglichen werden. Als Folge war

---

123  bfs.admin.ch/bfs/de/home/statistiken/querschnittsthemen/wohlfahrtsmessung/gueter/oekonomische-
gueter/reales-bip-pro-kopf.html

die Regierung gezwungen, China den Hafen samt 60 Quadratkilometern Land für 99 Jahre zu überlassen.

China hat Afrika auch als Produktionsstandort und Absatzmarkt entdeckt: Indem die Produktion nach Afrika verlagert wurde, liessen sich Lohnkosten einsparen. Die grösste chinesische Schuhfabrik befindet sich in einem Vorort der äthiopischen Hauptstadt Addis Abeba, wo die Arbeitnehmenden bloss 50 EUR im Monat verdienen statt 500 EUR wie ihre chinesischen Kolleg:innen.[124] Zudem wächst die Kaufkraft Afrikas stetig: In 35 Jahren wird ein Viertel der Weltbevölkerung auf dem afrikanischen Kontinent zu Hause sein. Die Bevölkerung Afrikas ist jung und zieht immer mehr in urbane Gegenden (über 45%), die Wirtschaft ist laut IMF[125] eine der am stärksten wachsenden weltweit und die Einschulungsraten steigen, wenn auch langsam.[126] China hat die Kaufkraft des Kontinents erkannt und exportiert Maschinen, Elektronik, billige Konsumgüter und auch Waffen: 2018 fand in Peking das erste chinesisch-afrikanische Militär- und Sicherheitsforum statt. 2017 eröffneten die Chinesen in der Hafenstadt Dschibuti, am Roten Meer nahe Jemen gelegen und Tor zum Nahen Osten, ihre erste Übersee-Militärbasis. China baut auch Strassen und Eisenbahnstrecken, denn die fehlenden Transportinfrastrukturen gerade in Subsahara-Afrika schrecken viele Investoren ab. Eine Bahnlinie verbindet Addis Abeba mit der Hafenstadt Dschibuti. Die kenianische Hauptstadt Nairobi ist per Bahn mit der Küstenstadt Mombasa verbunden. China plant, Kenia durch ein Schienennetz mit Äthiopien, Ruanda, Burundi und dem Südsudan zu verbinden. Auch Trams hat China in der Hauptstadt Addis Abeba gebaut, und sogar die Tramfahrer sind Chinesen.

Einen Eindruck der chinesischen Infrastruktur vermittelt Stiftungsratspräsident Armin Junghardt: «Im Spital von Vogan, wo *ToGo opening eyes* operiert, hatten die Chinesen eine Radiologieabteilung eingerichtet. Ein Jahr später war das

124 nzz.ch/wirtschaft/eine-hoffnungsvolle-aber-gefaehrliche-liaison-ld.1418336
srf.ch/play/tv/sternstunde-philosophie/video/felwine-sarr---gehoert-afrika-die-zukunft?urn=urn:srf:video:f4f8643e-2eda-48ab-9053-c611aa01adc2
125 imf.org/external/datamapper
126 Sarr, Afrotopia, afrobarometer.org

Röntgengerät bereits defekt. Es dauerte drei Jahre, bis es repariert wurde – die Radiologie konnte bis dahin nicht betrieben werden.» Zudem gab es Verständigungsprobleme: «Die Chinesen sprechen kein Englisch, Deutsch oder Französisch. Untereinander haben sie sich auf Chinesisch verständigt, die Togolesen auf Ewé.» Die Trennwand zwischen der Radiologie und dem Augenuntersuchungszimmer war ungeschützt, sodass die Strahlung diese durchdringen konnte. «Niemand hat sich darum gekümmert und schon gar nicht die chinesischen Experten, welche die Radiologie eingerichtet hatten. So stand die Augenabteilung unter radiologischer Bestrahlung (Gammastrahlung). Da *ToGo opening eyes* diesen Zustand nicht so belassen konnte, bauten wir für rund 5000 CHF eine schützende Bleiwand zwischen der Radiologie und der Ophthalmologie.» Das Problem an der chinesischen Bauweise sieht Armin Junghardt darin, dass die Chinesen das Umfeld nicht genügend analysierten. Wenn etwas kaputtgeht, bleibt es so oder es dauert sehr lange, bis es repariert wird. Nicht so bei uns: «Wenn bei uns etwas defekt ist, wird es umgehend repariert. Gerade bei Röntgenstrahlung sind die Bestimmungen und Vorgaben sehr strikt, damit Menschen diesen nicht ungeschützt ausgesetzt sind. Sehr genau wird vorher analysiert, was erlaubt und möglich ist und was nicht», so der Präsident.

Was einer chinesisch-afrikanischen Kollaboration zudem zuträglich ist, ist der Umstand, dass China keine Anforderungen in Sachen Menschenrechte oder gute Regierungsführung stellt. Seitens China wird diese Strategie als Nichteinmischung und Respekt verstanden. Afrika interpretiert Chinas – und neuerdings auch Russlands – Haltung als Begegnung auf Augenhöhe, im Gegensatz zu den ehemaligen Kolonialmächten. China lädt regelmässig junge afrikanische Politiker:innen und Journalist:innen ein, nach Asien zu kommen, und vergibt Stipendien an Student:innen. Seit 2014 studieren mehr Afrikaner:innen in China als in den bis dahin beliebtesten Destinationen USA und Grossbritannien.[127]

Während China grösster Kreditgeber ist und am meisten Infrastruktur baut,

---

127  nzz.ch/wirtschaft/eine-hoffnungsvolle-aber-gefaehrliche-liaison-ld.1418336

sind die USA grösste Spenderin in der Entwicklungszusammenarbeit mit Afrika. Umfragen des Afrobarometers 2019/20 zeigten, dass zwar eine «Chinaphorie» unter der afrikanischen Bevölkerung besteht, diese aber seit 2015 abgenommen hat. Laut Afrobarometer[128] liegt die Prozentzahl der Afrikaner:innen, die sich der chinesischen Kredite bewusst sind, bei 48%: Von diesen sind 58% der Meinung, dass die afrikanischen Regierungen zu viel chinesisches Geld geliehen hätten. Eine verstärkte China-Skepsis ist auch daran zu erkennen, dass die jüngere Bevölkerung (18–35) das US-amerikanische Modell der Entwicklungszusammenarbeit stärker unterstützt als das chinesische Investitionsprogramm (35% vs. 27% bei den über 55-Jährigen). Bezeichnend ist auch, dass 71% der Afrikaner:innen angeben, die Jungen müssten Englisch als wichtigste internationale Sprache lernen, dies im Gegensatz zu den 2%, die Chinesisch favorisieren.[129] Russland hat sich die sinkende «Chinaphorie» zunutze gemacht: 2019 fand in Sotschi der erste Afrika-Russland-Gipfel statt. Das Prinzip ist dasselbe wie in der Beziehung Chinas zu Afrika: Russland liefert Afrika Waffen und erhält im Gegenzug Schürfrechte.[130]

Europäische China-Kritiker:innen sprechen von «Neokolonialismus», was die Präsenz des Roten Drachens auf dem Kontinent betrifft. Der senegalesische Denker und Autor Felwine Sarr gibt in der Sendung «Sternstunde Philosophie» vom 26. Dezember 2021 zu bedenken, dass ausgerechnet Menschen aus ehemaligen Kolonialmächten die Asymmetrie zwischen China und Afrika bemerkten, obwohl sie selbst seit Jahrhunderten ein asymmetrisches Verhältnis zu Afrika pflegten. Sarr meint, dass Europa, um seine eigene unrühmliche Geschichte zu kaschieren, nun auf das Raubtier China verweise. Zur positiven Aufnahme Chinas in der afrikanischen Bevölkerung meint Sarr, dass die Afrikaner:innen nicht dumm

---

128 Das Afrobarometer führt Umfragen in ganz Afrika durch zu Demokratie, Regierungsführung und Lebensqualität. Im Zeitraum von 1999 bis 2018 wurden sieben Umfragen durchgeführt. Die hier verwendeten Daten beziehen sich auf den Zeitraum von Juli 2019 und April 2020, wobei die achte Umfrage aufgrund der Coronapandemie noch nicht in allen afrikanischen Ländern erfolgt ist. Es wurden die Länder Angola, Botswana, Burkina Faso, Cabo Verde, Elfenbeinküste, Äthiopien, Gabun, Ghana, Guinea, Kenia, Lesotho, Malawi, Mali, Namibia, Nigeria, Sierra Leone, Tunesien und Uganda befragt.
129 afrobarometer.org/sites/default/files/publications/Dispatches/ad407-chinas_perceived_influence_in_africa_decreases-afrobarometer_dispatch-14nov20.pdf
130 Putin – Die Rückkehr des russischen Bären, youtube.com/watch?v=lwjzF_EO-i0

seien. Sie hätten aber lediglich die Wahl zwischen Pest und Cholera. Angesichts dieses Umstands würden sie das kleinere Übel wählen. Die Chinesen brächten Infrastruktur, bauten Brücken und Strassen und belästigten dabei niemanden mit unerfüllbaren Geldforderungen. Sie mischten sich nicht in die Politik des Landes ein, sondern bedienten kurzfristige Bedürfnisse, auch wenn das Verhältnis tatsächlich asymmetrisch sei. Statt sich auf das Verhältnis Afrika–China zu konzentrieren, lehnt Sarr jegliche ungleichen Beziehungen zu anderen Ländern ab, so auch zu den USA, Russland, der Türkei oder zwischen ungleich starken afrikanischen Staaten. Afrika müsse an seiner wirtschaftlichen und politischen Stabilität arbeiten, meint er. Der Weg dahin sei aber lang: Es sei nötig, zehn Jahre in die eigenen Ressourcen zu investieren, bspw. indem man faire Verträge aushandle, damit man ausbeuterischen Verhältnissen entkomme.[131]

Die Frage, ob *ToGo opening eyes* denn neokolonialistisch sei, verneint der Stiftungsratspräsident: «Wir erhalten keine Gegenleistung. Das ist auch das wesentliche Merkmal gemeinnütziger Arbeit. Wir erhalten kein Geld, keine Bodenschätze, Staatsbürgerschaften oder sonstigen Privilegien.»

---

131 srf.ch/play/tv/sternstunde-philosophie/video/felwine-sarr---gehoert-afrika-die-zukunft?urn=urn:srf:video:f4f8643e-2eda-48ab-9053-c611aa01adc2

# KOLONIALGESCHICHTE

Religion, Sprache und Kultur, (Natur-)Medizin und
Entwicklungszusammenarbeit

Die Geschichte Togos ist aus europäischer Sicht von 1884 bis 1960 eine
Kolonialgeschichte: Gleich zwei europäische Grossmächte haben das Land beherrscht, zuerst Deutschland, unter dessen Herrschaft Togo bis zum Ersten Weltkrieg eine Musterkolonie war, dann Frankreich. Das Ansehen einer Musterkolonie
bekam Togo, weil Deutschland einen geringen wirtschaftlichen Aufwand für die
Kolonie betrieb, aber erhebliche Einnahmen bis zum Ersten Weltkrieg erzielte.
Produziert wurden Palmöl, Kautschuk, Baumwolle, Kakao und Mais.[132]

Das heutige Gebiet Togos umfasst die ehemalige französische Kolonie. Die
Hauptstadt Lomé war wichtig für den Palmöl- und Alkoholexport. Unter deutscher Herrschaft war das Gebiet grösser und hiess Togoland. Nach dem Zweiten

---

132  Rutkowski, *Die deutsche Medizin erobert Togo*

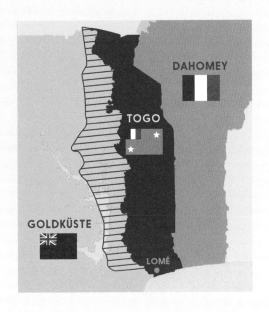

*Togo nach dem Ersten Weltkrieg*

*Quelle: Artikel Togo, die Aufteilung Togos nach dem Ersten Weltkrieg, Wikipedia*

Weltkrieg ging ein Teil an die Engländer. Dieser entspricht dem heutigen Ghana. Ursprünglich umfasste die Kolonie Togoland Ghana (gelb-rot schraffiert) und Togo (rot).[133]

Togo ist ein religiöser und kultureller Schmelztiegel aus Christentum (26% römisch-katholisch, 9% protestantisch), sunnitischem Islam (20%), einigen kleinen jüdischen Gemeinden in den Küstenregionen und Naturreligionen (50%). Zu den Naturreligionen gehören diejenigen der Ga und der Yoruba. Die Yoruba sind eine der grössten Volksgruppen Westafrikas. Durch den Sklavenhandel der Franzosen im 17./18. Jahrhundert verbreitete sich ihre Kultur und Religion bis nach Brasilien, Kuba und Haiti. Da die Yoruba-Religion dort nicht ausgeübt werden durfte, passte sie sich oberflächlich dem Katholizismus an und vermischte sich mit diesem: Daraus entstand die Voodoo-Religion. In Togo fand diese durch die Rückwanderung ehemaliger Sklav:innen Eingang. Togo besitzt – nebst einem grossen Voodoo-Markt in Vogan – den grössten Voodoo-Markt der Welt, der auch zu

---

133   *de.wikipedia.org/wiki/Deutsch-Südwestafrika*

einer touristischen Attraktion geworden ist. Er liegt in Akodésséwa, einem Vorort der Hauptstadt Lomé. Auf Voodoo-Märkten werden unter anderem Utensilien wie Schädel, getrocknete Tierköpfe und -felle verkauft. Beschwörungs- und Zauberrituale werden abgehalten und Kranke erhoffen sich Heilung. Die Utensilien werden auch Fetische genannt: Durch bestimmte Rituale können diese aktiviert werden, um Kontakt mit der Geister- und Götterwelt aufzunehmen.[134]

Das Wort Voodoo bezeichnet in verschiedenen westafrikanischen Sprachen, so auch in Ewé, Ahnen- oder Schutzgottheiten bestimmter Familien- oder Berufsgruppen. Oberste Gottheit ist ein Schöpfergott, Bondjé (franz. bon Dieu). Da Bondjé sich ausser Reichweite befindet, kommunizieren Voodoo-Anhänger:innen mit ihm durch Geister, die Loas, die sich als Gegenstände, Menschen oder Tiere manifestieren. Die Loas werden auch mit den katholischen Heiligen gleichgesetzt. Je nach Ethnie und Tradition sind die Loas gut oder böse und verlangen verschiedene Rituale, Tänze, Opfergaben und Gesänge. Auch der eigene Körper wird als Opfer dargebracht, wenn die Loas Besitz von ihm ergreifen und die Anhänger:innen in Trance fallen. Die Voodoo-Religion ist in sosjetés (franz. sociétés) organisiert und wird durch einen Priester (Houngan) oder eine Priesterin (Mambo) und deren Helfer (Hounsis) geleitet. Den Voodoo-Priester:innen wird eine besondere Gabe zugesprochen, die Geister zu kontrollieren und zu besänftigen. Ihre Weihe findet im Rahmen eines Initiationsritus statt, im Verlauf dessen sie in Besessenheit verfallen und ihre Gabe auf die Probe gestellt wird. Zu den Aufgaben der Voodoo-Priester:innen gehört es auch, bei Krankheit der Anhänger:innen, die als Missfallen der Loas interpretiert wird, die Geister zu besänftigen.

In Benin und Haiti ist Voodoo eine offizielle Religion. In Haiti stand die Ausübung der Religion bis 1987 unter Strafe, seit 2003 ist sie anerkannt. Die Voodoo-Religion hat sich auch unter Nordamerikanern und Europäern verbreitet. Dort ist vor allem die Verehrung der Loas auf Hausaltären beliebt, im Gegensatz zu den kollektiv ausgeübten Ritualen in den sosjetés.[135]

---

134  de.wikipedia.org/wiki/Fetischmarkt_Akodésséwa
135  Bettina Schmidt, Voodoo/Afe Adogame, Yoruba, religionsgeschichtlich

# Togo unter deutscher Kolonialherrschaft von 1884 bis 1914

Die Geschichte der Kolonialisierung und Christianisierung, von Kolonialbeamten und Missionaren, die immer zusammen, jedoch nicht konfliktfrei miteinander arbeiteten, ist kennzeichnend für Togo. Streitigkeiten zwischen Katholizismus
und Protestantismus, aber auch zwischen Staat und katholischer Kirche in Europa
machten auch vor togolesischem Boden nicht Halt. Die erste Christianisierung
fand in vorkolonialer Zeit durch die Protestanten statt, während der deutschen
Kolonialisierung missionierten Protestanten und Katholiken in Togo.

Aus europäischer Sicht beginnt die Kolonialgeschichte Afrikas lange
vor dem 19. Jahrhundert: mit der portugiesischen und spanischen Seefahrt im
14./15. Jahrhundert. Die Bedeutung Afrikas für das christliche Europa wäre wohl
viel später entdeckt worden, hätte der Islam nicht die asiatischen Handelsrouten
kontrolliert. Alternativen mussten gesucht werden. Um an asiatische Stoffe und
Gewürze heranzukommen, wurde die Schiffsroute um den afrikanischen Kontinent erschlossen. Und damit auch der Kontinent selbst sowie insbesondere seine
Einwohner:innen, die als Sklav:innen nach Südamerika verschifft wurden. Die Be-
weggründe für die Seefahrten dieser Zeit lassen sich in den Worten des portugiesischen Seefahrers Vasco da Gama (1469–1524) wie folgt zusammenfassen: Man
suchte nach Gewürzen und Christen. Und nach dem Priesterkönig Johannes, nach
dem man in Asien und Afrika suchte und dessen Legende aus dem 12. Jahrhundert stammt. Die Legende besagt, dass dieser ein Nachfahre der drei Weisen aus
dem Morgenland sei, mit einem Königreich östlich von Persien und Armenien,
und dass es den Christen mit seiner Hilfe gelingen würde, die Muslime im Nahen
Osten zu besiegen.[136] Bis ins 19. Jahrhundert war Afrika für die Europäer wegen
Gewürzen, Gold und Sklav:innen interessant. Erst im 19. Jahrhundert entdeckten
sie das afrikanische Festland und seine Bodenschätze für sich – für die Industrialisierung und als Absatzmarkt für europäische Produkte.

Die Kolonialisierung Afrikas im 19. Jahrhundert wurde ideologisch durch

---

136  de.wikipedia.org/wiki/Priesterkönig_Johannes

eine vermeintliche Inferiorität der Einwohner:innen legitimiert, die als zu erziehende «Kinder» galten. Europäische Kultur, Sitten, Technik, Medizin und Religion sollten den «weniger entwickelten Völkern» zum (Seelen-)Heil verhelfen.

Mit der Kolonialisierung und Christianisierung zeichnete sich der Widerspruch zwischen dem Evangelium, der zu übermittelnden frohen Botschaft, und dem Verhalten der Kolonialbeamten ab, das in Ausbeutung und Sklavenhandel mündete. Das europäische 19. Jahrhundert ist gekennzeichnet durch die industrielle Revolution, die Kolonialisierung und die Mission. Die Geschichte Togos lässt sich aus europäischer Sicht nur durch die Linse dieser Ereignistrilogie lesen, durch die drei grossen C: Christianisation, Commerce, Civilisation, zu Deutsch Christianisierung, Handel und Zivilisierung. Die wichtigsten Akteure waren der Missionar, der Kaufmann und der Kolonialbeamte. Die Kolonialgeschichte wird aus der Perspektive der Stärkeren und Mächtigen erzählt: Es gab von Seiten der Missionare wohl Kritik an ausbeuterischen Kolonialisierungspraktiken, sie verhallte jedoch ungehört.

Die Geschichte der Kolonialisierung ist aus Sicht des europäischen Christentums deshalb so wichtig, weil sie immer mit Missionierung einherging; sie war ein Ereignis, das die togolesischen Menschen ganzheitlich betraf.

Die erste Mission, die auch bedeutend für spätere war, geht auf die Protestanten zurück, noch bevor die Kolonialisierung durch die Deutschen 1884 einsetzte. Niklaus Ludwig Graf von Zinzendorf (1700–1760), Gründer der Herrnhuter Brüdergemeine, sandte Christian Jacob Protten, einen böhmischen Bruder und Mulatten (in Ghana geboren als Sohn eines dänischen Vaters und einer ghanaischen Mutter), zusammen mit einem weiteren böhmischen Bruder nach Ghana. Protten hatte sich ein Jahr lang bei Graf Zinzendorf in Sachsen aufgehalten, bevor er von diesem an die damalige, von den Dänen kontrollierte Goldküste (heutiges Ghana) gesandt wurde. Die böhmischen Brüder hatten mit ihrer Mission zwar keinen Erfolg, legten aber den Grundstein für spätere missionarische Aktivitäten. Die Mission scheiterte aufgrund des vorzeitigen Tods der Brüder und des negativen Images des Christentums als Sklavenhalter-Religion.

Vor der deutschen Kolonialisierung 1884 sind weitere Missionsaktivitäten auf protestantischer Seite zu nennen, die alle auf die Strömung des Pietismus zurückgehen, der auch Niklaus Ludwig Graf von Zinzendorf und Christian Jacob Protten angehörten. Merkmale dieser Erneuerungsbewegung innerhalb der protestantischen Landeskirchen waren ihre Kulturaffinität und Belesenheit, die Publikation und Edition von Büchern, die Errichtung von Schulen sowie ökonomische und nicht zuletzt missionarische Aktivitäten. Drei vom Geist des Pietismus geprägte Missionsgesellschaften fassten Fuss auf togolesischem Boden: die methodistische Kirche, die Bremer Mission und die Evangelische Missionsgesellschaft Basel. Die Gründung der methodistischen Kirche (1843) und ihrer Schulen in Togo geht auf den englischen Mulatten Thomas Birch Freeman (1809–1890) zurück, Sohn einer Engländerin und eines ehemaligen afrikanischen Sklaven (Herkunft unbekannt).[137]

Die Bremer Mission (1847) setzte ebenfalls auf eine intellektuelle Ausbildung der neu gewonnenen Christ:innen: Schulbücher wurden in der Lokalsprache Ewé verfasst, und das Neue Testament sowie Gesänge wurden ebenfalls in die Lokalsprache übersetzt. Die Verschriftlichung von Ewé führte in Togo zu einem Ewé-Nationalismus. Ewé ist übrigens auch die Sprache, mit der wir als Stiftung in Togo am meisten konfrontiert sind. Sie ist ans Deutsche angelehnt: So heisst bspw. Danke auf Ewé Akbe.

Als letzte der protestantischen Missionsgesellschaften, die sich in Togo ausbreiteten, ist die Evangelische Mission Basel zu nennen, die ihre Missionsstandorte in Westafrika von 1827 bis 1903 schliesslich an die Bremer Mission abtrat.

Auf katholischer Seite begannen die Missionsaktivitäten 1887 durch zwei Patres: Ihre Bemühungen scheiterten wegen der Medikamente, die sie mitbrachten. Diese waren wirksamer als diejenigen der Naturheilpriester und stellten eine Konkurrenz dar. Die Naturheilpriester sahen die Missionare als Gefahr für ihren Status quo, da sie wegen der wirksamen Medikamente von weniger Menschen aufgesucht wurden. Daraufhin wurden die Patres von den ansässigen Priestern vergiftet. Sie starben kurz darauf 1887 und 1891.

---

137  bu.edu/missiology/missionary-biography/e-f/freeman-thomas-birch-1809-1890/

Hier setzt der Beginn der Geschichte der katholischen Mission an. Doch was war die Vorgeschichte? Vor dem 16. Jahrhundert hatten die Portugiesen in der Gegend um die ghanaische Küstenstadt Elmina begonnen, missionarische Tätigkeiten zu entwickeln. Nach dem 16. Jahrhundert wurden britische und spanische Missionare in das Gebiet gesandt. Sie hatten jedoch keinen Erfolg. Erst 1860 wurde das apostolische Vikariat errichtet. Dieses Gebiet erstreckte sich vom Niger im Osten bis zur Mündung des Flusses Volta im Westen und vom Sudan im Norden bis zum Atlantik im Süden. Diese immense Region, welche die spätere Kolonie Togoland miteinschloss, stand unter dem Einfluss der Société des Missions Africaines de Lyon.

Die deutsche katholische Mission steckte noch in den Kinderschuhen, als die protestantische in vollem Aufschwung war. Sie kam der Regierung in Berlin gerade recht, da die Protestanten die Kolonialbeamten kritisierten. Die Regierung hoffte, dass die Katholiken ein Gegengewicht zu den Protestanten bilden würden. Genau wie bei den Protestanten ist auch der Erfolg der katholischen Mission auf die Gründung von Schulen zurückzuführen. Zudem zeichnen drei Punkte ihre Missionsstrategie aus: Zu Beginn vermieden es die Missionare, in mehrheitlich protestantischen oder muslimischen Gebieten tätig zu werden. Sie liessen sich in wichtigen Städten wie Lomé, Atakpamé oder Kpalimé nieder. Nachdem sich die Missionare erst an den Küstenorten niedergelassen hatten, expandierten sie ins Landesinnere. Schule und Bildung allgemein waren wichtige Kernanliegen sowohl der protestantischen wie auch der katholischen Mission: Denn ohne Alphabetisierung kein Verständnis des Evangeliums. Die Alphabetisierung trug dazu bei, das kulturelle Niveau anzuheben und das Christentum zu verbreiten. Durch die Errichtung von Schulen bekamen die Missionare Zugang zu den Örtlichkeiten.

In ihrer Missionstätigkeit setzten sich die Missionare auch für soziale Anliegen wie Menschenrechte und die Abschaffung der Sklaverei ein. Die Missionare mussten dabei stets gute Kontakte zu den Priestern der traditionellen Religionen, den lokalen Chefs vor Ort sowie den deutschen Kolonialbeamten pflegen.

Deutsche Mission und Kolonialisierung gingen Hand in Hand: Christentum und Kultur zu vermitteln wurde Kulturarbeit genannt. Diese Mentalität findet man auch beim berühmtesten protestantischen Kirchenvater und Theologen des 19. Jahrhunderts, Friedrich Daniel Ernst Schleiermacher (1768–1834): Es sei natürlich, dass diejenigen, die eine höhere Religion verbreiten wollten, zwingendermassen eine höhere Kultur verbreiten müssten, meinte er.

Der Vorteil der Protestanten war, dass sie schon länger in Afrika waren und in hohem Masse unabhängig von den Kolonialbeamten agierten. Anders bei den Katholiken, die sich ihre Unabhängigkeit erst erkämpfen mussten.

Bei der katholischen Mission gab es eine enge Liaison zwischen Kirche und Staat: Die Kolonialautoritäten kümmerten sich um Körper und Disziplin, die Missionare um Seele und Heil. Auch zur Verbesserung der Landwirtschaft trug die katholische Mission bei: So erhielten die Schwestern von Kpalimé eine Goldmedaille für die Qualität ihrer Bananenzucht und Früchtekonservierung. Zudem förderten die katholischen Missionare in ihren Schulen die deutsche nebst der lokalen Sprache Ewé, dies im Gegensatz zu den Protestanten, welche die lokale Sprache stärker förderten. Das führte dazu, dass die deutsche Regierung die katholischen Schulen grosszügiger subventionierte als die protestantischen.

Das Verhältnis zwischen Kolonialbeamten und Missionaren, zwischen Staat und Kirche, war auch angespannt. Besonders was die Behandlung der lokalen Bevölkerung anbelangte, herrschte Uneinigkeit. Die Patres erhoben Einwände dagegen: Um 1900 beschuldigten sie Beamte, 40 Togoles:innen ungerechtfertigt eingesperrt und grausam geschlagen zu haben. Zudem beschuldigten sie die Beamten, eine Minderjährige vergewaltigt zu haben. Die Konsequenzen für die Missionare waren drastisch: Die Patres Müller und Schmitz sowie die Brüder Probus und Willibrord wurden verhaftet und eingesperrt. Für den Kolonialbeamten Josko von Puttkamer waren Missionsaktivitäten, Singen und Beten schlimmer als der moralische Zerfall durch Rum und Gin in Afrika, welche die Europäer importiert hatten.

1907 gab es Diskussionen bezüglich Differenzen zwischen Kolonialbeamten und Missionaren im Reichstag zu Berlin. Die deutschen Zeitungen berichteten von einem Kulturkampf, der sich auf togolesischem Boden ausgebreitet habe (mit Kulturkampf war die Auseinandersetzung zwischen Reichskanzler Otto von

Bismarck und der katholischen Kirche gemeint). Das Verhältnis blieb angespannt, bis der Erste Weltkrieg der katholischen und der protestantischen Mission ein jähes Ende setzte.

Der Erste Weltkrieg manifestierte sich auf afrikanischem Boden besonders in den deutschen Kolonien. Afrika wurde in den Ersten Weltkrieg involviert, da die Deutschen Soldaten brauchten, in Afrika wie auch in Europa. Deutschland fand sich im Kampf allein gegen die alliierten Mächte Frankreich, Vereinigtes Königreich und Belgien wieder. Im Zuge des Ersten Weltkriegs verlor Deutschland 1914 dann auch seine Kolonie Togoland.

## Togo unter französischer Kolonialherrschaft von 1914 bis 1960 und bis heute

Nach dem Ersten Weltkrieg wurde das ehemalige deutsche Togoland zwischen Grossbritannien und Frankreich aufgeteilt: Im französischen Teil, dem heutigen Togo, waren die christlichen Missionare beider Kirchen nicht mehr willkommen, da sie Deutsche waren: Sie wurden in Kriegsgefangenschaft gesetzt oder gezwungen, das Land zu verlassen. In der Folge entwickelte sich ein eigener nativer togolesischer Klerus, der die Missionstätigkeiten der Deutschen fortsetzte.[138]

Die Franzosen setzten die gleiche Art zu kolonialisieren fort wie die Deutschen: Es galt, das togolesische Land für die eigenen ökonomischen Interessen zu nutzen und die togolesische Bevölkerung «zu erziehen». Lomé blieb Hauptstadt und Verwaltungssitz genau wie zu Zeiten der deutschen Kolonialmacht. Lomé war erst unter deutscher Kolonialmacht zur Hauptstadt Togos avanciert, von 1887 bis 1897 war Zébé, eine Ortschaft in der Nähe der Küstenstadt Aného, Hauptstadt.[139] Von 1922 bis 1955 (!) herrschte in Togo das «indigénat», auf Basis dessen die französische Kolonialmacht Steuern eintreiben, hohe Geldstrafen verhängen,

---

138 Atsu Jean-Paul Savi, *Échec Géopolitique et Échec Missionnaire?*
139 Savi, *Échec Géopolitique et Échec Missionnaire?*

Zwangsarbeit einfordern und Haftstrafen ohne Gerichtsverfahren anordnen konnte.[140]

In die französische Kolonialzeit fiel auch ein weiteres globales Ereignis: die Ende 1920 einsetzende Weltwirtschaftskrise. Bis dahin war Togos Wirtschaft dank der verbesserten Infrastruktur sowie der Baumwoll-, Kaffee- und Kakaoproduktion gewachsen. In der Weltwirtschaftskrise sank der Export von Produkten.

Es folgte der Zweite Weltkrieg 1939–1945, in dessen Verlauf Deutsche, Franzosen und Briten um das togolesische Land kämpften und die Franzosen schliesslich die Oberhand behielten. Nach dem Zweiten Weltkrieg machte sich unter der togolesischen Bevölkerung der Ewé-Nationalismus breit, der das englisch- und das französischsprachige Ewé-Gebiet vereinen wollte. Der britisch verwaltete Teil von Togoland entschied 1956 per Abstimmung, für sich zu bleiben, und wurde 1957 als Ghana unabhängig. Drei Jahre später erlangte der französische Teil, das heutige Togo, seine Unabhängigkeit. Wirtschaftlich, politisch und militärisch war Togo jedoch aufgrund verschiedener vertraglicher bilateraler Abkommen immer noch stark von Frankreich anhängig.

Von 1967 bis 2005 war Staats-«Präsident» Gnassingbé Eyadéma durch Militärputsche und Wahlfälschungen als Diktator an der Macht, danach sein Sohn Faure Gnassingbé. Auch die internationale Gesellschaft für Menschenrechte, die Togo von 1993 bis 2020 wegen Menschenrechtsverletzungen und Verhinderung von Demokratie die Entwicklungszusammenarbeit versagte, konnte die Gnassingbés nicht aufhalten.

---

140  *Renate Helm, Politische Herrschaft in Togo*

# (NATUR-)MEDIZIN UND
# ENTWICKLUNGSZUSAMMENARBEIT

Da es sich bei *ToGo opening eyes* um eine Stiftung mit medizinischen Einsätzen handelt, lohnt es sich, das Augenmerk auf das Thema (Natur-)Medizin und
Entwicklungszusammenarbeit zu richten.

Eine medizinische Versorgung ist in den ländlichen Gebieten Togos sowie
im Afrika der Subsahara-Region kaum vorhanden. Auf dem Land gibt es weder
Arztpraxen noch Krankenstationen, die Medizin ist für eine togolesische Familie
unerschwinglich. Durch den traditionellen religiösen Hintergrund werden Krankheiten nicht auf einen kausalen Zusammenhang zurückgeführt (z.B. auf einen Er-
reger, der die Krankheit verursacht), sondern auf Hexerei und Flüche. Um gesund
zu werden, wird von rituellen Praktiken wie Voodoo-Zeremonien Gebrauch gemacht.[141] Auch wenn es im Namen der Toleranz nicht beliebt ist, andere religiöse
Praktiken und deren Menschen- und Weltbilder zu hinterfragen, so ist es doch
unserer christlichen Kultur zu verdanken, dass der scheinbare Zusammenhang
Fluch/Sünde und Krankheit aufgelöst wurde. Erst als diese Kausalität historisch
aufgelöst wurde, kam die moderne Medizin ins Spiel. Den Boden dafür (auch
wenn es bis dahin noch ein langer Weg sein sollte) ebnete der Evangelist Johannes, als er im 1. Jahrhundert nach Christus diese Geschichte überlieferte:

«Und Jesus ging vorüber und sah einen Menschen, der blind geboren war.
Und seine Jünger fragten ihn und sprachen: Rabbi [Lehrer], wer hat gesündigt,
dieser oder seine Eltern, dass er blind geboren ist? Jesus antwortete: Es hat weder
dieser gesündigt noch seine Eltern.» Johannes 9,1–3.

Die traditionelle Medizin ist bis heute beliebt: Im Jahr 2008 gab die WHO
bekannt, dass in gewissen asiatischen und afrikanischen Ländern 80% der Bevölkerung medizinischen Rat primär bei der traditionellen Medizin suchten. Auch

---

141  bayerisches-aerzteblatt.de/inhalte/details/news/detail/News/sante-pour-tous-gesundheit-fuer-alle-ge-
sundheitsarbeit-in-togo.html

in Togo hat sie einen hohen Stellenwert. Es ist jedoch anzumerken, dass besonders die jüngere Generation Togos der modernen Medizin mehr vertraut als der traditionellen. Besonders die Malaria macht der togolesischen Bevölkerung zu schaffen: Mittels der Pflanze Artemisia (Beifuss) wird versucht, ein neues Malariamedikament zu entwickeln. Der Wirkstoff Artemisinin ist von der WHO zur Malariabekämpfung anerkannt, da er die Krankheit hemmt.[142]

Eine weitere grosse Gefahr stellt in Togo die Einnahme von Tramadol dar, eines Schmerzmittels, auch Kokain der Armen genannt, das im Gegensatz zu legalen Schmerzmitteln hoch dosiert auf dem Schwarzmarkt zirkuliert. Das Mittel wird gegen den harten Arbeitsalltag und die Müdigkeit eingenommen. Eine Arte-Reportage über die Tramadol-Sucht in Togo zeigt einen Mann, der sechs Tage die Woche zwölf Stunden am Tag als Motorrad-Taxifahrer arbeitet und sich keine eigene Unterkunft leisten kann. Auf dem Schwarzmarkt ist das Opioid derart stark dosiert, dass es abhängig macht. Zudem besteht das Risiko einer Überdosis. Die Reportage wurde unter anderem wohl auch in Togo gedreht, da die Hauptstadt Lomé den einzigen Tiefwasserhafen Westafrikas besitzt und damit Anlaufstelle für die grossen Schiffe der Welt ist. Er gehört zu den Häfen, die wegen ihrer Grösse schwer zu kontrollieren sind, weshalb hoch dosiertes Tramadol auf den afrikanischen Kontinent gelangt. Die Opioidkrise ist auch in den USA eine Seuche, die zahlreiche Tote fordert und nach und nach auch in Europa Fuss fasst.[143]

Auch in den Industrieländern nehmen 70–80% der Patient:innen nebst der Schulmedizin die Alternativ- oder Komplementärmedizin in Anspruch, wie die WHO feststellt. Als Grund gibt Guenter Rutkowski in seiner Geschichts-Magisterarbeit an, dass sich Menschen heutzutage nicht mehr als Maschinen behandeln lassen wollten und deshalb nach Alternativen suchten. Für die deutsche Kolonialzeit sei dieser Gedanke von Bedeutung gewesen: Ärzte in Togo sahen die Bevölkerung als Objekt, das es zu reparieren galt, an dem sich aber auch fragwürdige

---

142  Togo: Zwischen traditioneller Medizin, Malaria und dem Klimawandel, youtube.com/watch?v=A1oAOI-yHGi8
143  Togo: Tramadol, Schmerzmittel und Droge, youtube.com/watch?v=RZ3rFU-5mGM (nicht mehr auf Youtube verfügbar)

medizinische Experimente durchführen liessen. Auch ausserhalb der Medizin wurden «Schwarze» im Europa des 19. Jahrhunderts als Objekte behandelt: Sie wurden in Zoos und auf Völkerschauen ausgestellt.

Medizin zu Zeiten des Kolonialismus war eine Ausdrucksform kolonialer Herrschaft: So waren Ärzte in Togo zugleich Militärärzte und somit Beamte. Entsprechend gering war das Vertrauen der lokalen Bevölkerung in die deutschen Ärzte: Bei Krankheit konsultierten sie lieber die ansässigen Zauberer, Naturheilpriester oder Wahrsager/Seher. Es konnte auch sein, dass eine Person alle drei Rollen gleichzeitig einnahm. Während der Zauberer unheilbringende Kräfte bannte, bemühte sich der Priester um die Gunst der Götter. Der Seher schliesslich nahm Kontakt mit (Ahnen-)Geistern auf, um die Krankheitsursache zu finden.

Die Deutschen brachten medizinische und hygienische Fortschritte, indem sie die Tsetsefliege durch Trockenlegung von Gewässern und Feuchtgebieten bekämpften. In den Städten legten sie breite Strassen für eine bessere Durchlüftung an. Lomé erhielt ein Kanalisationssystem. Deutsche Historiker:innen neigen dazu – wohl als Akt der Busse –, die medizinischen Leistungen während der Kolonialisierung herunterzuspielen, da die togolesische Bevölkerung als Menschen zweiter Klasse behandelt wurde. Im Gegensatz spricht es aber für die deutsche Medizin, wenn der togolesische Historiker Zinse Mawunou schreibt, die Deutschen hätten im medizinischen Bereich gute Arbeit geleistet. Allerdings gibt er auch zu bedenken, dass der medizinische Fortschritt einzig deshalb eingeführt wurde, um zu gewährleisten, dass die togolesische Bevölkerung gesund und arbeitstüchtig blieb. Die Deutschen installierten in Togo das erste moderne Medizinsystem: Stadthygiene und Seuchenbekämpfung wurden eingeführt und afrikanisches Fachpersonal ausgebildet (wenn auch nur in untergeordneten Tätigkeiten). Aus der Erfahrung der deutschen Ärzte entwickelte sich in ihrer Heimat die moderne Tropen- und Reisemedizin. Als ärztliche Beamte legten sie den Grundstein für die medizinische Arbeit des heutigen Auswärtigen Amts.[144]

144  Rutkowski, Die deutsche Medizin erobert Togo

# PACK- UND INVENTARLISTE

## Persönliche Untensilien und Arbeitsequipment

Die persönliche Packliste und diejenige für die Arbeit sind wichtig für die Einsätze in Togo. Zum einen sind die persönlichen Utensilien zu erwähnen, die für einen Einsatz mitgenommen werden müssen, zum anderen die Inventarliste. Beide sind entscheidend für eine erfolgreiche Arbeit.

Vorweg ist zu erwähnen, dass notwendige Dinge mitgenommen werden müssen, um nicht unnötig Zeit für die Materialsuche vor Ort zu vergeuden. Grundsätzlich tendieren die Reisegruppen von *ToGo opening eyes* dazu, eher zu viel mitzunehmen als zu wenig, da sie auf der sicheren Seite sein wollen. In einem Entwicklungsland ist es nicht etwa so, dass nicht genügend Material vorhanden wäre – man muss jedoch genau wissen, wo man dieses findet, und ohne Kontakte geht gar nichts. Ein Beispiel: Eine Reisegruppe erhielt auf Empfehlung der beiden wichtigsten Hafenvorgesetzten von Lomé tatsächlich Aufschnitt (also Fleischprodukte). Eine Rarität, die nur zu finden ist, wenn man genau weiss, wo. Vom Aussehen her ist der Aufschnitt wie bei uns, und er schmeckt beinahe wie bei uns zu Hause. Um aber allfälligen Überraschungen vorzubeugen, empfehlen wir, sich nicht allein auf Kontakte zu verlassen, sondern möglichst alles dabeizuhaben. Die untenstehenden Listen vermitteln einen Eindruck, was es heisst, mit «Sack und Pack» nach Togo zu reisen.

# PACKLISTE PERSÖNLICH

Was man im Vorfeld rasch einmal vergisst, ist, dass man sich zuerst den obligatorischen Impfungen unterziehen muss, bevor man überhaupt ans Einreisen denkt. Das Visum allein reicht nicht aus: Ohne die obligatorische Gelbfieberimpfung keine Einreise. Wurde diese im Abreiseland gemacht, bspw. in der Schweiz, kann es sein, dass die weiss bekittelten togolesischen Zollbeamten eine Wiederholung oder pro Person 100 EUR verlangen. So geschehen 2014. Daraufhin wollte die Reisegruppe – obwohl in der Schweiz geimpft – sofort wieder umkehren. Das beeindruckte die Zollbeamten dermassen, dass weder zweimal geimpft noch bezahlt werden musste. Ein solcher Vorfall ereignete sich jedoch nur 2014. Weiter sind Impfungen gegen Hepatitis und Tuberkulose wichtig sowie die Einnahme der Malariatabletten Malorone. Die Tabletten werden einmal am Tag drei Tage vor der Abreise und bis sieben Tage nach der Rückkehr in die Schweiz eingenommen. In Togo angekommen, muss als Beweis das Impfbüchlein (im Original) vorgelegt werden. Visa können direkt an der Grenze bezogen werden, allerdings nur für sieben Tage. Bürokratisch sehr aufwendig sind Visumsanträge: Diese sind elektronisch auf voyage.gouv.tg/about auszufüllen.

Der Antrag kostet umgerechnet knapp 40 CHF und wird, sofern alle nötigen Dokumente eingereicht worden sind, sofort positiv beantwortet. Eine Alternative ist bisher der schriftliche Antrag bei der togolesischen Botschaft in Genf. Ein Beispiel, wie der Brief mit dem Visumsantrag nach Genf frankiert sein muss, liegt auf Seite 169 bei. Auch die Briefmarken für die Rücksendung des Visums müssen beigelegt werden! Das Visum kann ausserdem auch für sieben Tage direkt am Flughafenzoll in Lomé gekauft werden. Dieses kann auf 90 Tage verlängert werden, was ca. 30 CHF kostet. Die Visumsanträge sind bürokratisch sehr aufwendig. Es ist ratsam, sich frühzeitig darum zu kümmern. Auf dem Antragsformular ist anzumerken, dass man aus humanitären Gründen einreisen will, mit Verweis auf stiftung-togo.ch oder ein entsprechendes anderes Hilfswerk. Mit dem Formular müssen folgende Dokumente hochgeladen, nach Genf eingeschickt oder am Flughafen von Lomé beigelegt werden: der Pass (noch mindestens sechs Monate gültig und mit mindestens einer freien Seite), ein Passfoto sowie, je nach aktueller Lage, der Nachweis des BAG, dass man zweifach gegen Covid geimpft ist. Weiter sind bei einem schriftlichen Antrag nach Genf 70 CHF in bar und ein vorfrankiertes Couvert für die Rücksendung beizulegen. Für die Bearbeitung des Formulars ist mit drei bis vier Wochen zu rechnen. Zudem muss eine Bestätigung der Reiseversicherung eingeholt werden, dass bei Todesfall für die Repatriierung der Reisenden in ihr Heimatland gesorgt ist. Weitere notwendige Versicherungen sind: eine Annullationskostenversicherung für Flüge und eine Krankenkassendeckung im Fall von Krankheit im Ausland. Schliesslich ist der Nachweis der Gelbfieberimpfung als Kopie dem Visumsantrag beizulegen.

Unsere Handys haben in Togo wenig bis keinen Empfang. Daher empfiehlt es sich, togolesische Telefonkarten am Flughafen in Lomé zu besorgen. Zudem müssen genügend lokal verwendbare elektronische Stecker mitgebracht werden (20 für eine Gruppe von ca. 10 Leuten). Die togolesische Währung ist der CFA-Franc BCEAO (Franc de la Communauté Financière d'Afrique), auch XOF genannt, der in den westafrikanischen Ländern Benin, Burkina Faso, Elfenbeinküste, Guinea-Bissau, Mali, Niger, Senegal und Togo akzeptiert wird. 1 CHF entspricht 621.58 CFA-Francs BCEAO (XOF), 1 EUR 655.81 XOF (Stand: 9.2.2022). Für den Notfall empfiehlt sich, 500 EUR mitzunehmen.

Wichtig ist auch, dass Vergnügen und Gruppenaktivitäten nicht zu kurz kommen: Musik bietet da eine willkommene Abwechslung. In unserem Reisegepäck waren eine Trompete, ein Saxofon und eine Oboe. Aber auch Jasskarten, Gruppenspiele und Literatur durften nicht fehlen. Es gibt auch ein Inventar an «unentbehrlicher Nahrung», bestehend aus Klassikern wie Schoggi, Päcklisuppe und Guetzli. Einige wichtige Punkte sind im Folgenden tabellarisch aufgelistet:

1. Abklärungen wegen Masken, Handschuhen und weiteren Materials
2. Flugtickets
3. Flaschen mit Mineralwasser
4. Fixleintücher
5. Schlafsäcke, am besten Seidenschlafsäcke
   (sie regulieren die Temperatur optimal)
6. Kleine Kissen
7. Mückennetze für Betten
8. Mückenspray
9. Taschenlampen
10. Klebeband
11. Hand- und Badetücher (unbedingt genügend mitnehmen,
    diese werden wegen der Luftfeuchtigkeit nie richtig trocken
    und verbreiten schnell unangenehme Gerüche)
12. WC-Papier und Nastücher
13. Luftige Baumwollkleider
14. Hut
15. Sonnenbrille und -creme
16. Gesichts- und Körpercreme
17. Shampoo und Duschgel
18. Turnschuhe
19. Flip-Flops

Die Stiftung *ToGo opening eyes* zahlt den freiwilligen helfenden Händen keinen Lohn aus, vergütet jedoch die Reise inkl. Flugkosten, Übernachtungen, Essen, Malariatabletten und Ausgaben für das Visum.

**AMBASSADE DU TOGO**
*Mission Permanente auprès de l'Office des Nations Unies,
de l'Organisation Mondiale du Commerce et des autres
Organisations Internationales à Genève*

### A- *PIECES OBLIGATOIRES A FOURNIR POUR LA DEMANDE DE VISAS D'ENTREE AU TOGO*

**1- Deux (2) photos d'identité récentes au format 4,5x3,5 cm** (pas de photocopie ni de photo scannée). Inscrire le nom et prénoms du demandeur au dos de chaque photo ;

**2- Copie des deux premières double pages du passeport** (en couleur) ;
**NB** : La date d'expiration du passeport, qui doit impérativement contenir une page entièrement vide de toute inscription, doit être supérieure de six (6) mois à la date de la fin du séjour, au Togo, du demandeur ;

**3- Attestation de la réservation de billet** avec indication des dates probables d'arrivée et de départ du Togo ;

**4- L'assurance voyage ou une preuve de caution de rapatriement.** Elle peut être aussi une extension de garantie d'une assurance maladie ou vie.

### B- *PIECES ADDITIONNELLES A FOURNIR SELON LE TYPE DE VISA DEMANDE*

1- **Pour un visa touriste :** Certificat d'hébergement visé par une mairie au Togo ou une réservation d'hôtel. Le service consulaire accepte un message fax ou une copie numérisée imprimée de ces documents pour le dépôt du dossier mais la délivrance du visa sera liée à la présentation impérative des originaux ;

2- **Pour un visa d'Affaires :** Lettre de mission ou lettre d'invitation précisant les coordonnées du partenaire au Togo. Le service consulaire accepte un message fax ou une copie numérisée imprimée de ces documents pour le dépôt du dossier mais la délivrance du visa sera liée à la présentation impérative des originaux ;

3- **Pour un visa immigrant :** Une preuve de revenus, un carnet de santé, une lettre de motivation ;

...2/.

-2-

4- **Pour un visa de transit** : la délivrance de ce type de visa est subordonnée à l'obtention préalable du visa d'entrée dans le pays de destination finale ;

5- **Pour un visa professionnel (Presse)** : carte professionnelle, attestation de l'organe de presse (lettre mentionnant la durée de la mission, l'ancienneté et la spécialité du demandeur), le cas échéant, la liste des personnes composant l'équipe.

*NB : En fonction de la spécificité de la demande, le service consulaire de la Mission Permanente se réservera le droit d'exiger des documents complémentaires.*

C- *SOUMISSION DE DOSSIERS*

1- **Le formulaire de demande de visa** dûment rempli par le demandeur, et devant être déposé auprès du service consulaire, figure sur le site officiel de la Mission Permanente du Togo à Genève ;

2- **Une enveloppe de livraison garantie** si le demandeur opte pour un retour par courrier de son passeport. Cette enveloppe devra être renseignée comme suit : **Mission Permanente du Togo à Genève 67-69, Rue de Lausanne, 1202, Genève (Suisse).**
Prière noter le numéro de suivi figurant sur l'enveloppe pour permettre au demandeur de suivre sur le site de la poste, l'envoi et l'acheminement de son dossier.

3- **Mode de paiement** : Paiement uniquement en espèces au dépôt (Consulter Types et Tarif applicables aux visas).

Merci de bien vouloir faire l'appoint.

NB : **Tout dossier incomplet sera systématiquement rejeté.**

**Genève, le 4 avril 2018**

*Yackoley K. JOHNSON*

---

67-69, Rue de Lausanne 1202 Genève (Suisse)
Tél : 022 566 83 00 / Fax : 022 566 83 05
E-mail :info@mission-togo.ch / Site Web :www.ambassadedutogo.ch

# INVENTARLISTE FÜR DIE ARBEIT

Kein Arbeitsmaterial ohne Container: Leider gibt es diesbezüglich immer wieder Schwierigkeiten, wie auch in den Tagebüchern von *ToGo opening eyes* nachzulesen ist. Die Dokumentation des Hafenzolls in Lomé aus dem Jahr 2014 im Anhang belegt, dass die Deponierung, Öffnung und Kontrolle des Containers umgerechnet 10 000 CHF kostete. Die Dokumentation umfasst 16 A4-Seiten mit ca. 50 Stempeln, die eine Beglaubigung des Containers repräsentieren sollen. Am Beglaubigungsprozedere beteiligt sind Institutionen wie die Hafenzoll- und die Finanzbehörde, aber auch die togolesische Bischofskonferenz, die der Wohltätigkeitsorganisation OCDI, Organisation de la Charité pour un Développement

Intégral, vorsteht. Die zahlreichen Stempel erwecken mächtig den Eindruck, dass sich Institutionen am Containergeschäft bereichern: Pro aufgedrucktem Stempel fliesst Geld. Auch bei der katholischen Kirche konnte sich der Stiftungsratspräsident nicht des Eindrucks erwehren, dass diese sich lokal in Togo durch die vielen Stempelgebühren bereichert. Als der Stiftungsratspräsident den Bischof von Aného darauf ansprach, wurde dieser wütend und verweigerte den weiteren Kontakt zur Organisation.

Das notwendige Operationsmaterial wird für die Verschiffung in einem Container zusammengestellt. Dazu gehören Augenoperations- und Implantationsmaterial, Medikamente, Anästhetika und auch Bekleidungsmaterial für das Team und die Patient:innen. Auch alles Notwendige für den Aufwachraum wird hier bis ins kleinste Detail bereitgestellt. Nach erfolgtem Einsatz wird ein Inventar erstellt, damit klar ist, was gebraucht wurde und entsprechend nachbestellt werden muss.

Je nach Fachdisziplin wird sich diese Liste leicht anders zusammensetzen. Die Liste im Anhang ist aus dem Jahr 2019 und wird immer wieder aktualisiert. Bei der Bestellung ist grundsätzlich daran zu denken, dass die vorhandenen Bestände am Zielort ergänzt und komplettiert werden müssen. Andernfalls riskiert man, dass einzelne Dinge doppelt und andere überhaupt nicht vorhanden sind. In Togo herrscht eine derart grosse Not, dass selbst Einwegkleidung für den Operationssaal mehrfach gewaschen, getrocknet und wiederverwendet wird. Wegwerfsachen werden so mit Sicherheit mindestens fünfmal gebraucht.

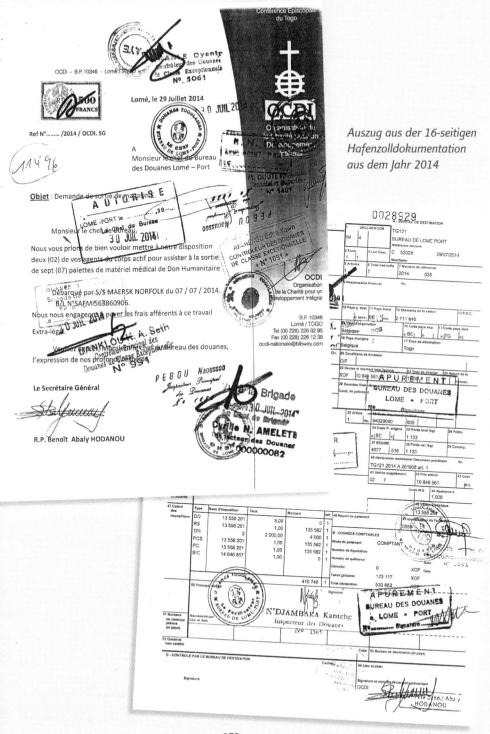

*Auszug aus der 16-seitigen Hafenzolldokumentation aus dem Jahr 2014*

OCDI - B.P. 10346 - Lomé / TOGO

500 FRANCS

Lomé, le 29 Juillet 2014

Ref N°......... /2014 / OCDI. SG

A
Monsieur le chef de Bureau
des Douanes Lomé – Port

**Objet** : Demande de sortie de marchandise

Monsieur le chef de Bureau,

Nous vous prions de bien vouloir mettre à notre disposition deux (02) de vos agents du corps actif pour assister à la sortie de sept (07) palettes de matériel médical de Don Humanitaire

Débarqué par S/S MAERSK NORFOLK du 07 / 07 / 2014.
B/L N°SAFMI563860906.

Nous nous engageons à payer les frais afférents à ce travail Extra-légal.

Veuillez agréer, Monsieur le chef de Bureau des douanes, l'expression de nos profonds respects.

Le Secrétaire Général

R.P. Benoît Abaly HODANOU

Conférence Episcopale du Togo

OCDI
Organisation de la Charité pour un Développement Intégral

B.P 10346
Lomé / TOGO
Tel.(00 228) 226 02 95
Fax (00 228) 226 12 38
ocdi-nationale@bibway.com

PEBOU Naoussou
Inspecteur Principal des Douanes

Cyrille N. AMELETE
Inspecteur des Douanes
000000082

0028929

KLINIK

KÜCHE

WOHNEN

**AUGENKLINIK** *QUE TU VOIES*

# AUSBLICK

Humanitäre Projekte in einem Entwicklungsgebiet wie Afrika bedürfen einer gründlichen Planung. Mit Blick auf die Augenklinik *Que Tu Voies* ist geplant, dass diese über 15 Jahre gebaut und begleitet werden soll. Es soll kein Projekt entstehen wie in Ghana und in vielen anderen Ländern, das einfach hingestellt und dann nicht mehr betreut wird. Wer schlau ist, lernt aus der Vergangenheit: Es geht nicht darum, das Gewissen zu erleichtern, indem man Geld spendet, sich aber nicht gross für Land und Leute und das Projekt interessiert und sich zurückzieht. Projekte, die nicht weiterbetreut werden, sind dem Untergang geweiht.

Für den Bau der neuen Augenklinik in Vogan ist es wichtig, eine gründliche Analyse vorzunehmen: Aufgrund der klimatischen Bedingungen (Feuchtigkeit und Hitze) zerfällt alles schnell und muss regelmässig gewartet werden. Es gibt jedoch keine ausgebildeten Handwerker vor Ort, die das Fachwissen dazu besitzen und dies regelmässig tun könnten. Die Konsequenz ist, dass Sachen defekt werden und bleiben. Jährliche Wartungen sind kostspielig und können nur in Zusammenarbeit mit sehr guten humanitär ausgerichteten Firmen durchgeführt werden. Ein Beispiel dafür ist das Spital in der Hauptstadt Conacry in Guinea, Westafrika, das von der Firma Mediconsult unterstützt wird. Im Internet liess sich verfolgen, wie zwei bewährte Schweizer Techniker die Spitalgeräte total zerlegten, ölten, zusammenschraubten und warteten.

Der Spitalbau ist eine von der Stiftung beschlossene Sache. Um alles auf ein möglichst sicheres Fundament zu stellen, ist die Stiftung dabei, mit der Regierung einen Vertrag zu erstellen. Mündliche Zusagen sind in Togo keine Garantie. Und auch mit einem schriftlichen Vertrag besteht keinerlei Vertrags- resp. Rechtssicherheit, da Togo ein äusserst korrupter und unsicherer Staat ist. Immer wieder tauchen Meldungen von humanitären Einsätzen auf, in deren Verlauf Helfende schliesslich vertrieben wurden. Obwohl in einem «Unrechtsstaat» sehr schwierig, will die Stiftung trotzdem helfen.

Es braucht somit in einem ersten Schritt eine vertragliche Festlegung (immerhin besser als kein Vertrag, trotz Rechtsunsicherheit). In einem zweiten Schritt bedarf es einer guten Planung durch Architekt:innen. Auch sind sehr gute und kooperative Teams vor Ort notwendig. Es braucht Bauleiter:innen, damit das Gebäude in Etappen und Schritt für Schritt errichtet werden kann. Als Stiftung nimmt man sich entweder Beat Richner zum Vorbild, der Kinderspitäler in Kambodscha gebaut sowie dort gelebt hat und präsent war, oder die Stiftung hat eine Trägerschaft vor Ort und führt Einsätze in regelmässigen Intervallen durch. Idealerweise sollte aus der Schweiz alle drei bis vier Monate eine Gruppe nach Togo reisen für die Operationen vor Ort. Zum Glück kommen einige Mitglieder der Togo-Gruppe gelegentlich ins Pensionsalter, sodass mehr Zeit bleibt für regelmässige Einsätze.

Die Einsätze in Togo alle drei bis vier Monate sind der Stiftung ein grosses Anliegen. Ohne regelmässige Einsätze geht jedes Projekt in Afrika unter. Das Einverständnis der Bevölkerung vor Ort, aber auch des Staates ist zentral, da die Stiftung anerkannt sein muss. Ansonsten werden einem Stolpersteine in den Weg gelegt. Das Fundament für das neue Spital *Que Tu Voies* hätte vor zwei Jahren gelegt werden sollen, was sich aber als verfrüht erwies, da Corona uns einen Strich durch die Rechnung gemacht hat. Die togolesischen Politiker waren darüber nicht etwa enttäuscht, sondern pflanzten mit der Reisegruppe Mangobäumchen auf dem künftigen Areal des Spitals. Sie sind es gewohnt zu warten und wollten uns nicht bedrängen. Der gute Wille als symbolischer Akt im Bäumepflanzen ist bereits Ausdruck grosser Hoffnung. Ganz nach Oscar Wilde: «Am Ende wird alles gut. Und wenn es nicht gut wird, ist es noch nicht das Ende.»

In Afrika ist man sich gewohnt, alles zu verschieben, und so braucht eben alles seine Zeit. Ohne enge Zusammenarbeit mit den lokalen Behörden sind der Stiftung in Togo die Hände gebunden. Land kann nur durch gebürtige Togoles:innen gekauft werden oder via Heirat mit einer Togolesin oder einem Togolesen. Der Stiftungsratspräsident verweist auf einen Schulhausbau in Lomé durch die Brüder Richard und Benjamin Nussbaumer (belle-etoile-togo.com). Dank der Ehe von Benjamin mit einer Togolesin konnte ohne staatliche Bewilligung Land gekauft und ein Schulhaus gebaut werden. Das Projekt ist äusserst erfolgreich, insbesondere dank dem Erlös des Kalenderverkaufs von Fotograf Richard Nussbaumer, mit dem unter anderem der Schulbau finanziert wurde.[145]

Ausländer werden in Togo in Bezug auf Landkauf als Eindringlinge gesehen. Ähnlich der Lex Koller in der Schweiz, die ausländischen Staatsangehörigen ohne Aufenthaltsbewilligung in der Schweiz den Kauf von Wohneigentum untersagt (ausgenommen Gewerbe). Die Stiftung *ToGo opening eyes* hat das Land, auf dem die Augenklinik gebaut werden soll, von der Regierung zugesichert bekommen. Dem Spitalbau steht nichts mehr im Weg, da die Stiftung seit August 2020 eine offizielle togolesische Stiftung ist (Verfügung 0177) und deshalb Privilegien, aber auch Pflichten hat.

Ohne den grossartigen Einsatz der Schweizer:innen auf dem Gebiet der humanitären Hilfe wäre ein Ausblick gar nicht möglich. Rund 20% der Schweizer Bevölkerung sind ehrenamtlich tätig. Sie wenden dafür rund eineinhalb Arbeitstage pro Monat auf.[146] Dazu kommen die grosszügigen Spenden sowohl von Privaten als auch von Organisationen wie Stiftungen, Kirche und Wirtschaft.

Leider muss an dieser Stelle der obige positive Ausblick ergänzt werden. Im Oktober 2022 konnte der humanitäre Einsatz, obwohl eine Equipe vor Ort war, nicht durchgeführt werden. Es gab organisatorische Probleme. Stellen Sie sich vor: Ihr Team fliegt nach Togo. Es ist mit dem ganzen Material vor Ort und

---

145  srf.ch/play/tv/reporter/video/kleine-weltverbesserer?urn=urn:srf:video:21f81223-2ec2-442f-ab01-186a5bbcf133

146  Bayer HealthCare, das Monatsgespräch: «Wir wollen Starthilfe geben»

kommt nicht zum Einsatz. Wir dachten bisher, dass das Fehlen des Containers mit dem Material das Schlimmste sei. Es gibt jedoch Schlimmeres: vor Ort zu sein mit dem ganzen Material und nicht zum Einsatz zu kommen, weil eine Organisation der Regierung die Räumlichkeiten unbeabsichtigt zur gleichen Zeit für sich beansprucht. Die Politiker auf nationaler (das ist zum einen der Minister, der mit Exzellenz angeredet werden will) und regionaler Ebene (der Präfekt, der unserem obersten Kantonsrat entspricht) sind sich wohl bewusst, dass etwas schiefgelaufen ist. Schliesslich hat sich der Gesundheitsminister bei uns entschuldigt und das Klinikprojekt *Que Tu Voies* kann weitergehen.

Zum Verständnis kann der NZZ-Artikel (31.08.2022) von Kurt Gerhardt[147] mit dem Titel «Afrika braucht unser Geld nicht» weiterhelfen. Gerhardt war in den 1990er-Jahren Landesdirektor des damaligen Deutschen Entwicklungsdienstes (DED) im westafrikanischen Niger und kennt die Verhältnisse in Westafrika. Er beschreibt Afrika negativ und das nach jahrelanger Erfahrung: «Dringend nötig wären besseres Planen, konsequentes Durchsetzen, gründlichere Arbeit, Zuverlässigkeit und Stetigkeit. Daran fehlt es überall.» Während unseres Engagements haben wir meist vom facteur trois gesprochen, der besagt, dass alles dreimal länger braucht in Afrika. Das ist unschön, insbesondere da die junge Generation sehr bemüht ist, alles korrekt zu machen. Doch wir bleiben guten Mutes, dass unser Projekt auch weiterhin erfolgreich sein wird.

---

147 *https://www.nzz.ch/meinung/afrika-braucht-unser-geld-nicht-ld.1698424*

*Guten Mutes – nachhaltige Entwicklungszusammenarbeit für die junge Generation*

# DIE WICHTIGSTEN ERKENNTNISSE

## Für einen langen Atem in der Stiftungsarbeit

Nach fast einem Jahrzehnt Arbeit (Beginn Dezember 2013, die Stiftung besteht seit 2014) hat die Stiftung eine Spitalabteilung für Augenmedizin in Betrieb genommen. Diese funktioniert gut: Eine Erweiterung ist geplant.

Für eine erfolgreiche Stiftungsarbeit sind die untenstehenden Punkte zu berücksichtigen – aber nicht im Sinne einer Rangordnung, da jeder Punkt in sich wichtig ist. Mit diesen möchte der Stiftungsratspräsident Tipps geben, damit andere Organisationen von den immer gleichen Fehlern bei ähnlichen Projekten verschont bleiben.

Folgendes ist zu beachten, auch auf die Gefahr hin, dass einige Punkte wiederholt werden. Bekanntlich schadet das nicht, ist doch Repetition die Mutter allen Lernens. Die Punkte werden numerische aufgezählt für eine bessere Übersicht.

Die folgenden Punkte sind unterteilt in
**Stiftungsarbeit**
**Projektmanagement**

# Stiftungsarbeit

1. Die Stiftung ist so zu gründen, wie in diesem Buch beschrieben. Am besten wird ein Anwalt konsultiert, der sich mit Stiftungsgründungen auskennt.

2. Der Stiftungsrat soll möglichst durchmischt sein im Hinblick auf Geschlecht, Alter, Beruf, Weltanschauung und Glauben. Der Unique Selling Point eines Stiftungsrats ist gerade sein «Früchtekorb»-Charakter, der Menschen zusammenbringt und neue Ideen entstehen lässt. Das Verbindende muss jedoch gegeben sein: Es müssen Menschen sein, die gleiche Werte vertreten, miteinander ins Gespräch kommen und gewillt sind, für ein gemeinsames Ziel am selben Strang zu ziehen. Die Mitgliedschaft im Stiftungsrat erfordert ein hohes persönliches Engagement und wird in den allermeisten Fällen nicht entschädigt. Es gilt unbedingt das vierte Kriterium der Zewo-Richtlinien zu beachten: Mitglieder sollten weder untereinander verheiratet noch nahe verwandt, verschwägert oder in einer Partnerschaft sein. Ein Stiftungsrat sollte im Gegensatz zu einer politischen oder religiösen Organisation kein geschlossener Zirkel sein, der nur für Familie und Freund:innen da ist.[148] Leider sind die derzeitigen Stiftungsräte weit davon entfernt, Gremien der Diversität zu sein. Gut zu wissen: Jede Stiftungsratsänderung bedingt eine Änderung im Handelsregistereintrag und ist mit Kosten verbunden.

3. Die Stiftung soll alle drei bis vier Monate im Rahmen einer Stiftungsratssitzung tagen, um wichtige Fragen zu klären. Erreicht die Stiftung eine gewisse Grösse (Kapital höher als 500 000 CHF), muss auch der Stiftungsrat auf mindestens fünf bis sechs Mitglieder erweitert werden. Eine gerade Zahl ist (aus Sicht des Präsidenten) bei Pattsituationen besser, da in diesem Fall der Ratspräsident den Stichentscheid in Sachfragen hat. Allerdings ist der Stiftungsratspräsident abwählbar, sollte eine Mehrzahl der Mitglieder seine Meinung nicht mehr teilen.

---

148  *zewo.ch/de/die-21-zewo-standards*

4. Alle Quittungen und Belege sind säuberlich und übersichtlich für jedes Jahr abzulegen. Das ist eine Sisyphusarbeit, die gemacht werden muss. Die Steuerbehörde neigt dazu (und hier kann der jetzige Stiftungsratspräsident nichts Gutes berichten), Stiftungen und Mitglieder bis zum Exzess zu quälen mit Steuerrevisionen, die kein Ende nehmen. Da nützt das humanitäre Engagement nichts, auch wenn sehr viel humanitäre Zeit aufgewendet wird. Dabei spielt es keine Rolle, ob die Stiftung klein (weniger als 500 000 CHF Vermögen) oder gross ist. Es besteht der Generalverdacht auf Steuerhinterziehung und Verschleierung. Stiftungen haben kein gutes Image! Die Steuerbehörde (ob kantonal oder regional) will im schlimmsten Fall jede, aber auch wirklich jede Quittung nochmals sehen. Und dies trotz bereits erfolgter Prüfung durch die Revisionsstelle und die ESA (Eidgenössische Stiftungsaufsicht). Dieser bürokratische «Overkill» hier in der Schweiz ist mindestens so schlimm wie die Bürokratie in Togo oder die Formalitäten für einen Antrag auf ein Visum für Togo.

5. Die Stiftung soll eine Stiftungsnummer im Land der Aktivität haben. Ein Memorandum of Understanding (MoU) ist wichtig. Dieses ist rechtlich zwar nicht bindend, bezeugt aber gegenseitigen Respekt und eine ernsthafte Absicht zwischen mehreren Parteien.[149]

6. Möglichst wenig Spendengelder sollen für die Administration aufgewendet werden. Riesige Verwaltungsgebäude und -apparate wie in Lomé gesehen und von der Stiftung besucht sind unnötig. Spendengelder und der Nutzen daraus sollen mit möglichst geringen Reibungsverlusten an die Bevölkerung gelangen.

7. Leider sind Administrationskosten nicht zu vermeiden. Störend ist in diesem Zusammenhang, dass ein Zewo-Zertifikat teuer ist und Spendengelder frisst. Daher ist gut abzuwägen, ob ein solches Zertifikat Sinn macht.

---

149 whatis.techtarget.com/de/definition/Memorandum-of-Understanding-MOU-MoU-Absichtserklaerung

8. Am besten dienen dem Stiftungsprojekt persönliche Kontakte, die es am Leben erhalten. Die Philanthropie ist nach wie vor ein nachahmenswertes Konzept, jedoch sollte sie von einem unternehmerischen und investorischen Geist (unternehmerische Philanthropie und Social Investment) durchdrungen sein. Ein fehlgeleitetes Verständnis von Philanthropie führt zu versickernden Projekten und Frustration, wie am Rückzug des Stiftungsratspräsidenten André Hoffmann und der Auflösung seiner Mava Foundation aufgezeigt wurde.

# Projektarbeit

1. Persönliche Kontakte vor Ort sind in einem fremden Land besonders wichtig. Es gilt die ganze Bandbreite der Bevölkerung kennenzulernen: von den einfachen Leuten bis zu den lokalen Politiker:innen. Auch Verbindungen zu nationalen Politiker:innen können von Vorteil sein. Diese interessieren sich in der Regel aber nicht für kleine Projekte und sind gerade auch in Togo äusserst korrupt.

2. Wie die Politik ist in Afrika auch die Kirche korrupt. Es ist kein Vorteil, mit ihr zusammenzuarbeiten, was den Transport von Waren betrifft. Denn auch sie nimmt gerne «Tantiemen» ein, wie die Stiftung *ToGo opening eyes* aus Erfahrung weiss. Die ersten Containertransporte liefen über die OCDI, Organisation de la Charité pour un Développement Intégral, in Togo. Père Théo hatte uns diese Organisation vermittelt, die der togolesischen Bischofskonferenz untersteht. Die OCDI hat den gesamten Containertransport zusätzlich behindert und Gelder kassiert, obwohl es sich um eine humanitäre Aktion handelte. Die Beschwerde des Stiftungsratspräsidenten wurde mit wütenden Bemerkungen und Ablehnung seitens des Bischofs in Aného quittiert.

3. Handelt es sich um ein medizinisches Projekt, erfolgen die Stiftungsaktivitäten auf Einladung des Gesundheitsministers des jeweiligen Landes. Ansonsten besteht kein Schutz bezüglich ärztlicher Fehler. Stirbt ein:e Patient:in während einer

Operation, übernimmt der Staat die Verantwortung, da der Eingriff auf Einladung des Gesundheitsministers erfolgt ist. Es folgt keine Klage oder eine solche wird abgewehrt. Wäre dem nicht so, wäre das Risiko eines Aufenthalts mit Operationen übermässig hoch. Die Stiftung könnte angeklagt werden und es wäre ungewiss, ob sie Togo ohne Weiteres verlassen könnte.

4. Auch bei nicht medizinischen Aktivitäten gilt: Überall sind Klagen möglich und eine gute Kommunikation mit den Behörden ist wichtig, auch wenn die Korruption eines der grössten Probleme Togos ist.

5. Nachhaltigkeit ist ein wichtiger Punkt. Die Menschen müssen spüren, dass das Projekt Zukunft hat, damit sie an einer Zusammenarbeit interessiert sind. Zudem ist es auch für die Stiftung und alle Beteiligten frustrierend, wenn Zeit, Geld und Energie unnütz verpuffen.

6. Eine genaue Planung des Materialtransports ist zwingend. Die Stiftung *ToGo opening eyes* operiert mit Containern. Die Kosten sind hoch: Vor der Coronakrise kostete ein Container ca. 5000 CHF, heute sind es 15 000 CHF. Die Container zu beladen ist eine grosse Arbeit, die nur mit Hilfe persönlicher Kontakte bewältigt werden kann. Beziehungen zu Schweizer Firmen, die humanitär engagiert sind, helfen bei dieser Arbeit. Es braucht Lieferbusse und Container und der Papierkrieg ist aufwendig. Von der Schweiz bis nach Afrika dauert es per Schiff ca. zwei bis drei Monate, bis die Container ankommen. Auf den Schiffen werden Container für humanitäre Aktionen mit anderen Containern durchmischt. Ist der Container erst einmal angekommen, muss das Ziel sein, diesen so rasch als möglich aus dem Hafen zu bringen, damit mit dem Projekt begonnen werden kann. Aber das ist gar nicht einfach. Nach der Beladung durch verschiedene Parteien wird er nur geöffnet, wenn alle Parteien anwesend sind! Nehmen wir einmal an, eine Partei sei aus den USA, eine aus Russland und eine aus der Schweiz, dann müssten alle gleichzeitig für die Öffnung des Containers anreisen. Ansonsten wird die Plombe nicht geöffnet und das Material nicht geborgen. So passiert beim ersten

Aufenthalt in Togo 2014. Dadurch wurde eine wertvolle Woche mit Warten auf die Auslieferung des Containers verloren. Deshalb hier ein wichtiger Ratschlag an alle Hilfswerke: Ein Container sollte nicht mit anderen Hilfswerken oder Parteien geteilt werden. Belegt einen Container nur für euch selbst. Ein anderes Hilfswerk kann natürlich jederzeit eine freie Ecke belegen, falls da eine sein sollte. Gemietet und bezahlt wird der Container jedoch nur von einer Partei!

Es ist ernüchternd, dass selbst mit Containern versucht wird, Geld zu machen: Behörden drücken Stempel auf Dokumente und wollen mitverdienen. Es gibt dafür riesige Büros, ganz im Geiste der alten französischen Kolonie. Den Chinesen ist das zu langwierig. Sie sind dabei, in Ghana einen Tiefwasserhafen zu bauen, um das Material einfacher aus dem Hafen zu bekommen, da in der ehemaligen britischen Kolonie die Bürokratie überschaubar ist.

Eine Chinesin im Flugzeug nach Lomé meinte in einem längeren Gespräch – sie arbeitete für einen grossen Immobilieninvestor aus China –, dass, sollte der Hafen in Ghana für die Schiffe zu flach sein, sie [die Chinesen] diesen einfach tief ausgraben würden. «We dig it out.»

Eine Alternative zum Containertransport ist der Transport via DHL, also Luftfracht. Dieser ist viel schneller und die Ware kann wirklich umgehend abgeholt werden, selbst in Togo. Jedoch sind die Preise für ein humanitäres Hilfswerk sehr hoch. Nur über persönliche Beziehungen und mit viel gutem Willen und Unterstützung von Seiten der Firma DHL ist es möglich, diesen Kanal zu nutzen.

Wie bereits erwähnt, ist die Zusammenarbeit mit der Kirche in Togo nicht einfach. Die ersten Transporte der Stiftung wurden über die Kirche organisiert. Es wurden sehr hohe Gebühren verlangt, obwohl es sich um einen humanitären Zweck handelte. Aus Erfahrung gilt seit 2014 folgender Rat: Das Material sollte immer unabhängig und nie über eine andere Organisation geschickt werden. Unsere Stiftung nimmt zwar Ware von anderen Organisationen mit, wenn der Container nicht ganz voll sein sollte. Der gesamte Container mit Inhalt wird aber als der unsere deklariert, sodass der Container durch uns geöffnet und das Material an unsere Freunde und Partnerorganisationen verteilt werden kann.

7. Unterkunft: auch kein einfaches Thema. Alle wollen eine sichere Unterkunft in einem fremden Land. Glücklicherweise bestand eine solche seit Beginn der Zusammenarbeit mit Père Théo und somit durfte die Stiftung sein grosses Privathaus für die ganze Gruppe nutzen. Leider ist sein Haus aber von Ratten und Mäusen befallen worden, und so zieht die Stiftung derzeit eine andere Unterkunft vor. Momentan wird in Gebäuden von französischen Hilfswerken logiert, bis ein Teil des neuen Spitals gebaut sein wird und die Stiftung diesen als Schlafplatz nutzen kann. Es hat auch Hotels, jedoch eher in der Hauptstadt Lomé. Die Stiftungsaktivität findet jedoch auf dem Land statt. Zwar ist Vogan eine Stadt, jedoch sehr arm und von Lomé aus gesehen auf dem Land gelegen und unterentwickelt mit einer armen Bevölkerung. Dort gibt es keine passenden Hotels, da die Hygiene ungenügend ist und Gefahr von Nahrungsmitteln sowie Malariamücken droht. Man muss bedenken: Togo ist kein touristisches Land. Niemand möchte nach Togo und deshalb sind auch die Hotels nicht gerade das, was man sich allgemein darunter vorstellt. Ganz anders in Hannes Schmids Projekt Smiling Gecko in Kambodscha. Dort werden eigene Hotels für das Projekt genutzt und die Einnahmen aus Hotels und Wellness für das Projekt verwendet. So etwas geht aber nur, wenn Touristen einreisen und das Land zu einem attraktiven Touristenziel machen.

Schliesslich geht nichts über Kontrolle: Hingehen und nachschauen, dass alles richtig läuft. Ist die Stiftung zwei Jahre nicht vor Ort, zerfällt alles. Techniker müssen regelmässig nach Togo reisen und Geräte kontrollieren und reparieren.

Wenn möglich sollte man auch Jugendliche einspannen. Ganz nach dem Grundsatz von Gottfried Honegger: «vers un meilleur monde à travers les enfants». Jugendliche sind unsere Zukunft, gerade in Afrika. Gerade bei medizinischen Projekten ist es nicht immer einfach, sie einzusetzen. Es gibt jedoch die Möglichkeiten, Tagebücher zu schreiben, Fotos zu schiessen und sich mit eigenen Projekten und Ideen wie den Kunstwochen von Beni Junghardt einzubringen.

MENSCH FÜR MENSCH

# IM PORTRÄT

Auf den folgenden Seiten geben Menschen Einblicke
in ihr humanitäres Engagement in Togo,
indem sie von ihren Erlebnissen und Eindrücken berichten.

Benjamin Junghardt, 1998, Student Architektur ETH ZH

Dr. iur. Andrea Libardi

Dr. med. Mathis Lang, Anästhesist, Stiftungsratsmitglied

Dr. med. Dominique Mustur, Augenärztin, Stiftungsratsmitglied

Nicole Wiederkehr, Operations-Assistentin, *Niggi hilft Togo*

Berenike Junghardt, 2000, Studentin Gesundheitswissenschaften ETH ZH

Dr. med. Peter Schömig, Anästhesist

Beatrix Junghardt, 1996, Studentin Umwelt- und Naturwissenschaften ETH ZH

Uta Junghardt, dipl. Arch. ETH SIA

# KUNSTWOCHEN IN VOGAN

Während zweier Wochen in den togolesischen Schulferien hat Beni, der Sohn von Uta und Armin Junghardt, gemeinsam mit Kindern und Jugendlichen eine Spitalwand in Vogan, Togo, bemalt. Die Storyline der Wandbilder haben die Kinder und Jugendlichen selbst entworfen: Auf den insgesamt sieben Bildern wird die Stärke der afrikanischen Frau gezeigt, die von einem Löwen das ihr geraubte Baby zurückfordert. Beni betont, dass die Kinder und Jugendlichen die Umsetzung und Farbgebung selbstständig erarbeitet haben.

«Was ich beigetragen habe, sind das Konzept, die Rahmenbedingungen, die Grundierung der Wand und ein paar kleine Workshops zu Farbenlehre und -mischen. Das Projekt sollte die Emanzipation der Jugendlichen fördern, was einen grossen Repräsentationswert für die Youngsters vor Ort hat.»

Das Projekt ist einmalig. In Vogan gibt es keine mit Graffiti oder Street Art bemalten Wände, wie wir sie bei uns kennen. Die Kinder und Jugendlichen sind in der Regel entweder in der Schule oder bei der Arbeit auf den Feldern. So etwas wie Freizeitangebote (ausser dem sehr beliebten Fussball) gibt es nicht. Die grösste Schwierigkeit bei der Durchführung der Kunstwochen war die Sprachbarriere:

*Benjamin Junghardt mit Kindern und Jugendlichen vor der bemalten Spitalwand in Vogan.*

Beni brachte den Kindern und Jugendlichen das Malen durch Gestikulieren und Vorzeigen näher und fand das auch ganz gut so: «So ist man sich rasch nähergekommen.»

Beni ist Architekturstudent an der ETH und bisher viermal nach Togo mitgereist. Das erste Mal 2013 mit seinem Vater, um zu evaluieren, ob das Togo-Projekt tatsächlich durchführbar wäre. Die beiden hatten sich dabei Père Théos Unterkunft angeschaut. Beni erinnert sich:

«Ich war überfordert vom Verkehr und von den Strassenkontrollen durch bewaffnete Soldaten. Unser Hotel – wir waren zu Beginn nicht bei Père Théo untergebracht – lag neben dem Gefängnis, einmal hörte ich Schüsse. Anfangs war ich ständig auf der Hut. Doch als wir im Verlauf der nächsten Jahre immer wieder nach Togo gereist sind, habe ich mich entspannt und gemerkt, dass die Leute uns kennen.»

Ab 2014 war Beni für die Stiftungshomepage, Poster der Stiftung und den Videodreh zuständig (stiftung-togo.ch, Links, «Togo Movie 2014», Presse & Infos,

Poster). Während der Togo-Einsätze war er für die fotografische Dokumentation verantwortlich und schrieb Tagebuch (stiftung-togo.ch, Presse & Infos, Tagebuch, Kunstprojekt 2016). Klingt nach viel, aber Beni waren das bisschen Tagebuch-schreiben und Fotografieren nicht genug.

«Ich habe mich unterfordert gefühlt, wollte etwas Sinnvolles beitragen. So entstand die Idee, zwei Kunstwochen durchzuführen. Damals war ich noch im Liceo Artistico in Zürich, wo ich einen Mentor für das Kunstprojekt fand, der mit mir ein Konzept erarbeitete. Mein Vater kannte den Coop-Verantwortlichen, der das Material für das Malprojekt sponserte. Ich habe ganz von vorn angefangen, mit dem Farbkreis und der Farbenlehre. Wir waren 20 Kinder und Jugendliche im Alter von 12 bis 18 Jahren. Wenn man in Togo so etwas auf die Beine stellt, ist der Andrang gross. In der Schweiz würde wohl Skepsis überwiegen: ‹Ich kann doch gar nicht malen.› Oder die Leute hätten keine Zeit. In Togo geht es um die gemeinsame Experience, darum, zusammen zu sein und etwas zu machen, sich das Spital anzueignen. Zudem waren die Kinder und Jugendlichen froh um die Abwechslung: mal weg von zu Hause. Die Alternative wäre die Arbeit auf den Feldern gewesen. Ich habe erst im Nachhinein erfahren, dass Père Théo die Kinder

und Jugendlichen ausgesucht hatte und dass noch viel mehr daran interessiert gewesen wären, mitzumachen! Es war schon ein wenig traurig, wie manchmal Kinder dazugestossen sind, die nicht ins Projekt involviert waren und nur zuschauen durften. Das schreit nach einer Fortsetzung!

Wenn das neue Spital dann einmal steht, möchte ich Kunstwochen mit Ton durchführen. In Togo arbeitet man gern mit den Händen. Warum also einen Pinsel benutzen, wenn man auch mit den Händen malen kann? Ich denke, etwas mit Ton zu machen, wäre eine gute Idee.

Ich erhalte bis heute Nachrichten von Menschen, die positiv über die Wand berichten: Sie sieht noch genauso aus wie am ersten Tag, selbst das Regenwasser vom Dach des Gebäudes hat der soliden Grundierung der Wand nichts anhaben können. Wir haben die einzige grundierte und bemalte Wand weit und breit, und sie hält erst noch! Es gibt keinen Vandalismus, also ein Besprayen der Wand, das wäre bei uns völlig anders. Die Dankbarkeit ist gross.»

Das Kunstprojekt passt gut in Benis Portfolio. Er hat vor, ein Architektur-Austauschsemester in den Niederlanden zu machen: «Ich nenne es ‹Kunst am Bau›», schmunzelt er.

« DIE STIFTUNG TOGO OPENING EYES WIDMET SICH
EINEM WICHTIGEN ANLIEGEN: DER BEHANDLUNG VON
AUGENKRANKHEITEN IN TOGO UND DER AUSBILDUNG
VON EINHEIMISCHEN FACHSPEZIALIST:INNEN FÜR DIE AUGEN
DAS IST EIN SEGEN FÜR DIE BEVÖLKERUNG.»

Dr. iur. Andrea Libardi

# FUNDRAISING FÜR TOGO

Dr. Andrea Libardi ist Juristin und seit 20 Jahren im Fundraising tätig. Der Modebegriff heisst auf gut Deutsch Spenden generieren. Sie ist durch Learning by Doing bei den bekanntesten Fundraisern der Schweiz zu ihrer heutigen Tätigkeit gekommen.

«Beim Fundraising sind uns die angelsächsischen Länder, vor allem die USA, 30 Jahre voraus. Wegen der Privatfinanzierung von Schulen und Kirchen sind die Menschen schon früh gewohnt, sich für ihre Anliegen zu engagieren und ihren Beitrag zu leisten.

Ich war lange Zeit im Investmentbanking und Marketing tätig, mit Spezialisierung auf Finanzkommunikation. Über einen Kollegen bin ich dann ins Hochschul-Fundraising gerutscht und habe auch Kampagnen für Organisationen für Menschen mit einer Behinderung geleitet. So befasse ich mich bis heute mit Public Fundraising, den Massenversänden und auch den High und Major Donors, den grossen Spender:innen. Es ist immer faszinierend, zu erfahren, warum Menschen spenden. Es sind meist spannende Geschichten mit einem grossen Herz dahinter.»

Andrea Libardi ist eine facettenreiche Frau mit vielen Interessen: Sie ist Juristin, ehemalige Badener FDP-Politikerin, Organistin und Präsidentin der Kirchenmusikschule Aargau. Zudem hat sie sich mit Libardi Fundraising (libardi.ch) selbstständig gemacht. Der Link zwischen Fundraising und Kirche ist offensichtlicher, als man auf den ersten Blick denken würde: So sind die meisten gemeinnützigen Stiftungen, die seit mehr als 60 Jahren bestehen, von kirchlichen Institutionen gegründet worden. Andrea Libardi ist heute in der Stiftungsdirektion der Schweizerischen Epilepsie-Stiftung für das Fundraising zuständig und bestens in der Förderlandschaft vernetzt.

Der Link zu Dr. med. Armin Junghardt und seiner Stiftung *ToGo opening eyes* ist die römisch-katholische Kirche Baden, wo Armin Junghardt dank dem Einsatz von Pfarrer Josef Stübi ein Benefizkonzert veranstaltet hatte.

«Ein Pfarreimitglied meinte, ich solle der Stiftung helfen. Wir haben uns in der Folge kennengelernt, und Armin Junghardt hat mir von seinem Projekt erzählt. Das war 2014, im Jahr der Stiftungsgründung. Seitdem bin ich dabei.»

Andrea Libardis lebhafte und bodenständige Art zu erzählen, ist eine wahre Wohltat.

«Wenn ich Anfragen für eine Spendenkampagne bekomme, hoffen einige noch immer, ich hätte einen Schrank voller Spender:innen, die nur darauf warteten, ihr Geld loszuwerden, und ich würde das alles gratis machen. Aber das ist meine berufliche Spezialisierung. Meine langjährigen Kunden wissen das natürlich. Bei Armin Junghardt habe ich aber aus drei Gründen eine Ausnahme gemacht: Er ist ein Badener, alle in der Stiftung arbeiten ehrenamtlich, das Engagement ist riesig. Und ein Spendenprojekt pro Jahr mache ich gratis. Das ist meine Art zu spenden. Natürlich habe ich eine Gemeinnützigkeitsbescheinigung verlangt, sonst würde ich meine freie Zeit und mein Fachwissen nicht in die Stiftung investieren.»

Da im Buch ein eigenes Kapitel über das Zewo-Gütesiegel vorkommt, ist es umso erfreulicher, dass Andrea Libardi darauf zu sprechen kommt.

«Ich würde vom Zewo-Siegel abraten, die Erlangung ist unglaublich aufwendig und zu teuer. In der Schweiz existieren über 13 000 gemeinnützige Stiftungen, aber nur gerade 600 sind Zewo-zertifiziert. Sogar die Rega hat die Zertifizierung wieder beendet. In meiner langjährigen Arbeit hat so gut wie niemand auf diese Zertifizierung geachtet. Klugen Spender:innen empfehle ich, die Jahresberichte einer Organisation zu lesen. Man erkennt genau, wofür das Geld ausgegeben wird, und man muss sich fragen, ob man das mitfinanzieren will. Ich denke da an grosse Kampagnen mit Plakaten und Fernsehwerbung, die ebenfalls mit Spendengeldern finanziert werden.»

Wie läuft das Fundraising für *ToGo opening eyes*?

«Ich wende mich an Profispender:innen, die sich voll und ganz der gemeinnützigen Arbeit verschrieben haben. Es geht meist um mehrere tausend Franken, die so von Förderstiftungen resp. den dahinterstehenden Privatpersonen oder Familien in die Stiftung fliessen. Für Anfragen an Grossspender:innen braucht es einen detaillierten Projektbeschrieb. Die Spender:innen wollen wissen, wer die Personen sind, die dahinterstehen, und sie wollen die Finanzierung und den Nutzen des Projekts kennenlernen. Für *ToGo opening eyes* bedeutet das konkret: Es müssen Baupläne für das Augenspital sowie der gesamte Kostenvoranschlag und eine Liste für die Klinikeinrichtung eingereicht werden. Der Budgetplan muss realistisch und die Folgekosten müssen gedeckt sein (bspw. Wartungskosten).

Was Andrea Libardi besonders gut an *ToGo opening eyes* gefällt:

«Die Stiftung ist klein und authentisch, es gibt ein hohes ehrenamtliches Engagement. Da steckt so viel Herzblut drin, das spürt man als Aussenstehende und das macht die Sache vertrauenswürdig. Zudem ist die Stiftung transparent. Bis jetzt betreibt sie ein Einzelprojekt: Wenn es Erfolg hat, wird es Nachahmer finden. Die Chancen stehen gut. In Togo und den Nachbarländern Benin, Ghana und Burkina Faso gibt es kaum Augenärzt:innen und keine einzige Augenklinik.»

Sie sieht Wachstumspotenzial für die kleine Stiftung.

«Alle Stiftungen, die heute gross sind, waren mal klein – sie sind mit Engagement und Detailarbeit über die Jahre gewachsen, auch dank dem Engagement vieler visionärer Geldgeber:innen.»

Auch den Stiftungsratspräsidenten lobt sie in höchsten Tönen.
«Armin Junghardt ist wirklich nahe an den Leuten dran und steckt voller Energie und Tatendrang. Er kann unglaublich gut Menschen zum Mitmachen motivieren.»

*Nahe an den Menschen –*
*Dr. med. Armin Junghardt*

# ALS ANÄSTHESIST
# SEIT DER ERSTEN STUNDE MIT DABEI

Dr. med. Mathis Lang ist Stiftungsratsmitglied: Er ist ein erfahrener Anästhesist, langjähriger Arbeitskollege von Dr. med. Armin Junghardt und in der Stiftung seit der ersten Stunde dabei.

«Das erste Mal in Vogan (2014) war richtig abenteuerlich. Wir wussten nicht, was uns erwartete, alles war neu: die Menschen, die Umgebung, die Kultur und das Essen. Wenn wir heute nach Togo reisen, wissen wir, was uns erwartet. Damals haben wir nur das Rudimentärste mitgenommen: ein Pulsoxymeter und ganz wenige Medikamente. Eine Patientin hatte damals bei der Operation ein Herzrasen. Wir konnten sie deshalb nicht behandeln und mussten abwarten, bis sie sich wieder erholt hatte. Wir waren anschliessend alle froh, dass nichts weiter passiert war.

Auch unsere Söhne waren schon beim ersten Mal dabei, das sind Beni Junghardt und Till Moosberger. Die Jungs wurden ab Tag eins in die Arbeit eingespannt. Sie konnten Augen untersuchen, im OP-Saal dabei sein und sogar im benachbarten Operationssaal bei einem Kaiserschnitt zuschauen!

Beim ersten Mal wusste niemand, wer wir sind und was wir machen. Aber Père Théo hatte im Vorfeld unserer Ankunft für uns Werbung gemacht: Als wir am ersten Tag, einem Sonntag, ins Spital kamen, standen da einfach 200 Menschen auf dem Platz vor dem Spital! Armin Junghardt hat ihnen mit einer einfachen Taschenlampe in die Augen geschaut und es wurde ad hoc entschieden, wer operiert werden soll. Es kamen mäusearme Menschen. Man konnte das gut an den roten Sandfüssen und den Flip-Flops erkennen. Erst beim zweiten Mal kamen auch wohlhabende Togolesen und sogar Menschen aus den benachbarten Ländern zu uns. Diese trugen immer gute Schuhe aus Leder und mit Schnürsenkeln. Der Grossteil der Patient:innen hatte eine Riesengeduld; sie sassen in einem engen, dunklen Gang. Sie warteten einen Tag und länger, wenn nötig. Die Menschen vor Ort haben schnell gemerkt, dass wir etwas bieten, was sie sich sonst nicht leisten können. Plötzlich standen Männer von Rang und Namen vor uns: der Préfet [Kantonsrat], der Dogbi [Stammesoberhaupt] und der Polizeioberst von Vogan, und sie brachten gleich noch ihre Verwandten für eine Untersuchung mit. Das ist bis heute ein Problem. Die Reichen wollen auch eine neue Linse. Also haben wir begonnen, von den aus unserer Sicht besser gestellten Patient:innen einen kleinen Beitrag an die Operation zu verlangen.

Wir haben auch zweimal eine Schweizerin namens Irma operiert, die in Togo eine Hotelfachschule gegründet hatte. Vor Jahren hatte sie aufgrund einer Infektion ihre Beine verloren und war seither auf den Rollstuhl angewiesen. Zum Dank brachte sie uns Kuchen nach Schweizer Rezept, den wir unheimlich genossen haben. Leider ist sie mittlerweile verstorben. Aber ihr Hotel Suisse wird von Togoles:innen mehr oder weniger erfolgreich weitergeführt.

Für unsere Unterkunft bei Père Théo hatten wir beim zweiten Mal Betten und Matratzen mitgebracht. Später war es frustrierend und schmerzlich, zu sehen, dass diese nicht richtig gelagert wurden und von Mäusen und Ratten zerfressen waren. Die Unterkunft bei Théo war ein langsamer, aber kontinuierlicher Rundown: Als wir kamen, funktionierte der Backofen noch und es gab Hühner auf dem Hof. Beim letzten Mal waren die Hühner weg und der Backofen nicht mehr brauchbar. Wie es dazu gekommen ist, wissen wir nicht. Wir denken allerdings, dass allem nicht die nötige Sorge getragen wurde.

Ähnliche Verhältnisse herrschen im Spital von Vogan, das von Europäern gebaut wurde. Das Areal dient heute auch als Autofriedhof: Beim Eingang stehen zwei ausgeschlachtete Ambulanzen. Wird den Dingen keine Sorge getragen, oder fehlt das Geld für den Unterhalt? Und: Müssen und können wir den Menschen vor Ort beibringen, den Dingen Sorge zu tragen, damit sie eine Augenklinik bewirtschaften, warten und instand halten können? Als wir das erste Mal nach Togo gereist sind, ist Dr. Aussi vom Ministerium gekommen und hat uns um Ausbildung von Fachpersonen und Werkzeuge gebeten. Er meinte: ‹Es nützt nichts, wenn ihr Fische bringt: Ihr müsst das Boot bringen und zeigen, wie man fischt.› Der ist aber arrogant, habe ich für mich gedacht. Im Nachhinein sehe ich das jedoch anders. Der Typ vom Ministerium hat den Nagel auf den Kopf getroffen.»

Mathis Lang ist skeptisch, wenn es um die Förderung von Fachpersonal und die Nachhaltigkeit der Augenklinik in Vogan geht. Er sieht nur eine Option:

«Armin Junghardt muss pensioniert werden und viel Zeit in Togo verbringen. Die afrikanische Mentalität in unsere Bahnen zu lenken, ist enorm schwierig. Ich weiss nicht, wie das gehen soll. Es ist eine andere Kultur. Wenn man die

Togoles:innen ausbildet, gehen sie in die Stadt oder ins Ausland. Sie gehen, weil sie wissen, dass sie an einem anderen Ort mehr verdienen. Verbundenheit mit einem Ort bedeutet, dass man sich wohlfühlt und eine Zukunft hat – und dort, wo sie sind, haben sie keine. Das gleiche Problem haben wir auch mit Ernest (Techniker und Augenoptiker), unserer guten Seele vor Ort, der alles plant und vorbereitet: Er hat Familie und Kinder und lebt in Lomé. Sobald er eine Aufstiegschance sieht, wird er gehen. Wer kann es ihm übelnehmen? In der Schweiz läuft es doch auch so!

Vogan ist wirklich mäusearm: Wir sehen Mädchen, die schwanger zur Schule gehen. Das Einzige, was sie für die Freizeit haben, ist ein Fussballfeld mit einem improvisierten Tor. Wir werden nichts an den Strukturproblemen ändern, und doch müssen wir das Unmögliche versuchen, um das Mögliche zu schaffen.

Ein Anfang, etwas zu verändern, sind die 100 Operationen pro Einsatz,

welche die Stiftung durchführt. Meine beiden Söhne durften uns nach Togo begleiten. Neben dem Kulturschock haben sie auch erkannt, wie gut sie es in der Schweiz haben. Ich persönlich versuche aus Dankbarkeit an einem anderen Ort etwas von dem zu geben, was ich bekommen habe. Ich versuche, meine Kompetenzen im Stiftungsrat einzubringen. Zu schauen, wo die Erfahrungen anderer in ähnlichen Projekten liegen, und aus deren Erfolg oder Scheitern zu lernen. Ich habe mehrmals versucht, mit der DEZA Kontakt aufzunehmen, bis jetzt ohne Erfolg, doch ich gebe nicht auf. Ich möchte nicht, dass sich die Fehler von gut gemeinten Projekten wiederholen.

Vor uns liegen viele Stolpersteine: Wie sichern wir uns ab, dass das Geld in Togo nicht versickert? Die Klinik soll nicht nach fünf Jahren verrotten. Ich bin überzeugt, das Einzige, was hilft, ist unsere Präsenz vor Ort, so wie bei Beat Richner, der Kinderspitäler in Kambodscha gebaut hat. Der war im Gegensatz zu uns immer da. Du musst vor Ort sein. Ich kann mir schon vorstellen, nach meiner Pensionierung mehr Zeit in Togo zu verbringen, aber bin ich bereit, über Monate in Togo zu leben? Vor allem gesundheitliche Bedenken machen mir Angst: Nach dem zweiten Mal bin ich wirklich krank nach Hause gekommen. Ich hatte einen Keim aufgelesen, Kopfweh, Fieber und Muskelschmerzen und 5 Kilogramm Gewicht verloren. Erst nach einem Monat wussten wir, was die Ursache sein könnte.»

Schliesslich fragt Valeria Sogne ihn dasselbe, was sie als Erstes den Stiftungsratspräsidenten gefragt hatte: Warum Afrika?

«Wegen Armin Junghardt und des motivierten Teams. Gemeinsam macht die tolle Arbeit richtig Spass. Ich konnte auch meinen Kindern den Horizont erweitern und vor Augen führen, wie schön wir es bei uns haben.»

Je mehr Interviews ich führe und zuhöre, desto mehr bekomme ich den Eindruck, der wahren Superpower des Stiftungsratspräsidenten auf die Schliche gekommen zu sein: Er hat diese Leichtigkeit an sich. In der AugenarztpraxisPlus ist er häufig gut drauf und reisst Witze. Er ist ein People Pleaser im guten Sinn. Die Menschen fühlen sich wohl in seiner Umgebung.

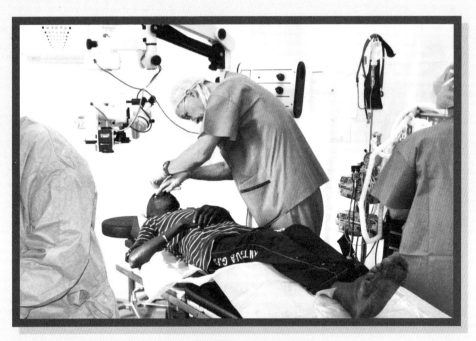

*Dr. med. Mathis Lang im Einsatz*

# AUGENÄRZTIN MIT LANGER BEGEISTERUNG FÜR AFRIKA

Drei Mitarbeitende sind ausgefallen: Dominique Mustur ist entsprechend auf Trab und hat wenig Zeit. Während Valeria Sogne auf sie wartet, hat sie dagegen alle Zeit, sich in der Augenpraxis (Augencenter Wollishofen) umzusehen. Beim Eingang sieht sich die Betrachterin einer digitalen Kunstinstallation gegenüber: dem Oberkörper einer dunkelhäutigen tätowierten Frau in einem Fabrikgebäude. Sie dreht sich um 360 Grad, während ihr schwarzes Haar in einer Russwolke aufgeht, als wäre sie ein AKW.

Im Gespräch frage ich Dominique Mustur, wie sie dazu gekommen ist, freiwillig als Augenärztin mit nach Togo zu reisen.

«Meine Begeisterung für Afrika hat eine lange Tradition: Ich war immer wieder auf diesem Kontinent auf Reisen und bin mal mit dem Auto von Zürich bis nach Kapstadt gefahren. Mir gefällt es in Afrika, weil es dort diese Weite gibt und wegen der Menschen, der Natur und der Safaris. Im Universitätsspital Kapstadt habe ich dann während acht Monaten einen Teil meiner Ausbildung als Augenärztin absolviert. Auch in Indien war ich, wo ich sieben Monate gelebt und jeden Tag

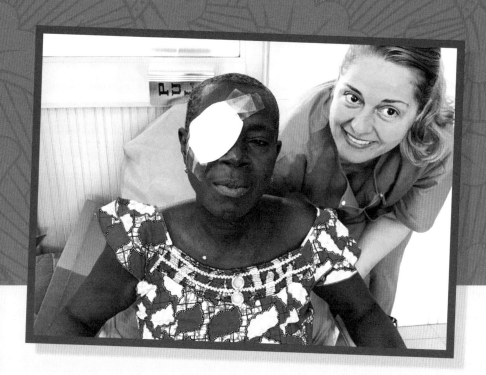

operiert habe. Da habe ich eine Menge darüber gelernt, wie man mit Komplika-
tionen umgeht, weil es fortgeschrittene Katarakt-Fälle gab, die so in der Schweiz
nicht vorkommen. Das war die perfekte Vorbereitung für die Einsätze in Togo. Ich
reise gerne, bin neugierig und abenteuerlustig. Und es war schon immer mein
Traum, bei Hilfsprojekten mitzuarbeiten. Es macht mir Freude, wenn Menschen
wieder sehen, die vorher nur schlecht gesehen haben oder gar blind waren. Eine
Vertreterin meinte einmal zu mir: ‹Wenn dir das derart Freude macht, musst du
unbedingt Armin Junghardt kennenlernen.› Wir haben uns dann auch getroffen
und quasi auf den ersten Blick ‹verliebt›. Die beiden Male, als ich in Togo operiert
habe, haben mir wahnsinnig gut gefallen. Leider ist nun Corona dazwischenge-
kommen, sonst wäre ich wieder nach Togo mitgereist.»

«Als ich zum erste Mal nach Togo gereist bin, war Armin Junghardt auch
für eine Woche da, um mich ins Projekt einzuführen. Das zweite Mal sind wir
unabhängig voneinander mit eigenen Teams gegangen. Es geht nicht, dass wir
gemeinsam in Togo operieren, dafür bräuchte es einen zweiten OP-Saal. Natürlich wäre es ein Traum, parallel zu arbeiten. Das Reiseteam habe ich durch Armin

Junghardt kennengelernt: Ich wurde herzlich empfangen und der Outcome unserer Arbeit war wunderschön. Es braucht ein Team, ohne geht es nicht. Das Team war freundlich und die Arbeit hat viel Spass gemacht. Auch wenn es anstrengend war, waren wir guter Laune und hatten ein Ferienfeeling dabei. Das kommt uns allen zugute, da wir immerhin zwei Wochen unserer Ferien für die Einsätze hergeben. Zwei Jahre die Füsse stillzuhalten wegen Corona war nicht einfach für mich, ich bin schon ganz aufgeregt, dass ich wieder nach Togo reisen darf.»

Hat es auch Überraschungen gegeben?

«Überraschungen nicht, aber Aspekte, die ich vor den Einsätzen nicht berücksichtigt hatte: Dass Menschen wieder (gut) sehen, hat auch einen wirtschaftlichen Aspekt, weil sie wieder arbeiten können. Eine Geschichte ist mir besonders in Erinnerung geblieben: Es gab da einen beidseitig erblindeten alten Mann, der zu uns kam. Er hatte einen runden Rücken wie eine Schildkröte und ging am Stock. Sein Enkel hat ihn gestützt und durch die Gänge geführt. Ich habe ihn an beiden Augen operiert – normalerweise operieren wir nur ein Auge, damit mehr Menschen operiert werden können. Am nächsten Tag ist der alte Mann wiedergekommen, und er konnte wunderbar sehen. Ich habe ihn gefragt, wo denn sein Enkel sei, worauf er antwortete: ‹Den brauche ich nicht mehr, der geht jetzt zur Schule.› Wieder zu sehen hat also einen Impact auf das ganze Dorf, auf die Gesellschaft.»

Dominique Mustur gibt aber zu bedenken, dass man auch aufpassen muss.

«Es gibt Profiteure, die könnten sich locker eine OP in der Hauptstadt Lomé leisten, geben sich aber als arm aus, um zu sparen. Reiche erkennt man nicht nur an den Schuhen, sondern auch daran, dass sie Französisch statt bloss Ewé wie die Armen sprechen. Das ärgert mich. Ich gehe nicht nach Togo, damit die Reichen sparen können, sondern damit jemandem die Sicht ermöglicht wird, der kein Geld hat.»

Mustur opfert für die Togo-Einsätze viel mehr als nur ihre Ferien.

«Während ich weg bin, muss ich die Praxis für zwei Wochen schliessen, das ist mein grösster Beitrag. Aber es lohnt sich, weil es mir Freude macht.»

Schliesslich frage ich Dominique Mustur noch nach der neuen Augenklinik in Vogan. Wie schätzt sie das Projekt ein?

«Da bin ich skeptisch angesichts der Korruption, die dort herrscht. Wir bringen zwar jemandem bei, Katarakt-OPs durchzuführen, ich kann mir aber gut vorstellen, dass diese Person, wenn wir wieder weg sind, einen Haufen Geld dafür verlangt, weil es auf dem Land niemand anderen gibt, der das kann. Und die ganzen Funktionäre und Verwandten werden dann auch gratis operiert, das ist mir ein Dorn im Auge. ‹Hilfe zur Selbsthilfe› tönt so romantisch, es gibt aber noch weitere Facetten, die berücksichtigt werden müssen: Das Projekt kostet einen Haufen Geld und bringt einen grossen Aufwand mit sich. Was mir Bauchschmerzen bereitet, ist die Abhängigkeit. Wenn die Klinik einmal steht und die Dinge nicht gut laufen, können wir nicht einfach zusammenpacken und weiterziehen. Sich nicht an einen festen Standort zu binden hätte den Vorteil, dass wir das, was wir in Togo machen, auch woanders machen könnten, zum Beispiel in Ghana.»

# NIGGI HILFT TOGO

Für Nicole «Niggi» Wiederkehr ist ihr Job als OP-Schwester Berufung. Niggi kennt Dr. med. Armin Junghardt seit 2006. Seither arbeiten die beiden zusammen.

«Armins Interesse galt schon damals humanitären Einsätzen; als wir uns kennenlernten, ging er mit einem Ärzteteam nach Mexiko.»

Niggi wäre gern mitgegangen, da sie aber keine Ärztin ist, war dies nicht möglich. Armin Junghardt wusste von da an aber Bescheid, dass, ergäbe sich eine andere Gelegenheit, Niggi sofort mit von der Partie wäre. Und so kam es, dass Niggi 2014 das erste Mal nach Togo mitreiste – es folgten vier weitere Reisen.

Für Niggi war der erste Einsatz in Togo der intensivste und eindrücklichste. Sie erzählt:

«Alles war total chaotisch, kein Mensch vor Ort. Ab dem zweiten Einsatz war Ernest, ein Techniker und Augenoptiker, dabei und koordinierte die OP-Termine. Im ersten Jahr lief das so: Innerhalb von zwei Stunden hatte man 200 Leute versammelt, die operiert werden wollten; alles lief unorganisiert und spontan. Die Hälfte der Leute verstanden uns nicht. Der Wartesaal war überfüllt. Es waren mindestens 15 Patient:innen da, die bereit waren, den ganzen Tag zu warten und

*Quelle: Niggi hilft Togo, niggi-hilft-togo.ch, Facebook und Instagram: niggihilfttogo*

am nächsten Tag wiederzukommen, in der Hoffnung, einen Kontrolltermin zu erhalten. Die Bedingungen, unter denen wir arbeiten mussten, waren im ersten Jahr schlecht: Es regnete in den OP-Saal rein und die Räumlichkeiten waren sehr eng. Aber wir hatten einen guten Zusammenhalt in der Gruppe, man brauchte einander, war aufeinander angewiesen, kurz: Es herrschte ein schöner Spirit.

Die Armut in Togo ist unglaublich, doch trotz allem war die Zufriedenheit und Fröhlichkeit der Menschen vor Ort sehr beeindruckend und berührend. Das Schwierigste im ersten Jahr war für mich, den Operationstag am Abend abzuschliessen, obwohl immer mehr und mehr Leute kamen. Dank der Koordination durch Ernest ist der Patientenfluss nun geordneter. Ernest plant übers ganze Jahr. Jetzt läuft es schon fast wie bei uns. Das Material in Togo ist dasselbe wie bei uns. Wir bringen jeweils neues mit und benutzen das Land nicht etwa zur Abfallverwertung.

Die Idee mit *Niggi hilft Togo* ist 2016 entstanden. Durch die Geschäftstätigkeiten meines Ehemanns Rolf haben wir einen sehr grossen Bekanntenkreis und kennen eine Menge Leute. Der Name *Niggi hilft Togo* hat sich durch einen Spendenaufruf ergeben. Ich habe den Leuten, die spenden wollten, gesagt, sie sollten als Zweck *Niggi hilft Togo* auf der Einzahlung vermerken.»

Niggi und Rolf sind Machertypen. Und wenn sie Feuer und Flamme für etwas sind, schaffen sie es spielend leicht, den Funken überspringen zu lassen. Überredungskunst braucht es da nicht mehr viel. Aber Niggi ist auch dankbar, dass sie und ihr Ehemann von so vielen grossartigen Menschen umgeben sind, die sich für einen guten Zweck begeistern lassen.

«Aus dem Einzahlungsvermerk wurde dann der Name *Niggi hilft Togo*. Wir haben mit Simone Meier von grafikformat werbe gmbh zusammengearbeitet, und das Projekt wurde auch zu ihrem Herzensanliegen. Wir sind extrem dankbar, dass Simone uns im grafischen Auftritt unterstützt. Die Website sowie die Facebook- und Instagram-Profile wurden von Bianca Braun (bianca-braun.ch) unentgeltlich erstellt. Auch sie unterstützt uns weiterhin tatkräftig und ist eine Riesenhilfe für unser Projekt. Wichtig ist für uns: Wenn wir etwas machen, muss es professionell aussehen, oder wir machen es gar nicht.

2019 haben mein Mann und ich einen Charity-Abend in der Aula Mägenwil AG organisiert. 300 zahlende Gäste sind gekommen. Von der Küche bis zum Service: Die Helfer:innen haben alle umsonst mitgemacht! Es gab ein Dreigangmenü und als Rahmenprogramm hatten wir den Rock & Pop-Chor Together aus Mellingen. Die Band Monday Tunes von Dr. med. Mathis Lang, Stiftungsrat von *ToGo opening eyes*, hat gespielt. Père Théo war auch da. Bekannte von uns haben die Halle wunderschön mit Stoffen dekoriert, die ich aus Togo mitgebracht hatte. Es gab eine grandiose Tombola mit Preisen wie Fluggutscheinen, Hotelübernachtungen, Silberbarren und vielem mehr. Wir haben an diesem Abend 120 000 CHF für die Stiftung eingenommen!»

Niggi sagt dankbar: «Rolf hat rund 1000 Stunden für den Anlass gearbeitet! Ich gebe dem Projekt zwar meinen Namen und arbeite gern in Togo, aber die treibende Kraft ist er.»

Auf Niggis Website findet sich auch ihre Kilimandscharo-Spendenaktion.

Wie ist es zu dieser Idee gekommen?

«Es gab da diese Kilimandscharo-Sendung: Einer wollte den 50. auf dem Kili feiern, da war Rolf 59. Wir haben beide gedacht, das würden wir nie schaffen, und haben die Idee für uns gleich wieder begraben. Meine Schwester und ihr Ehemann sind Triathleten, Sport ist ihr Lebenselixier. Ein Jahr später haben uns die beiden eine SMS geschickt, ob wir mitkämen auf den Kilimandscharo. Das war natürlich als Jux gedacht! Zwei Sekunden später hatten sie die Antwort, dass wir dabei seien. Und so kam es, dass wir das Nützliche mit dem Erfreulichen verbunden und daraus die Spenden-Sammelaktion ‹Höhenmeter für Togo› gemacht haben (mehr Infos unter niggi-hilft-togo.ch, Spenden, Fundraising-Aktionen).

Wichtig ist noch zu erwähnen, dass unser Projekt *Niggi hilft Togo* zur Stiftung *ToGo opening eyes* gehört. *Niggi hilft Togo* braucht keinerlei Verwaltungsgelder und jeder Spendenfranken fliesst ins Hilfsprojekt der Stiftung.»

Zum Schluss reden wir noch über den «Togo Movie 2014», den Armin Junghardts Sohn Beni gedreht hat (stiftung-togo.ch, Links). Für das Video hat Beni das Lied «Calm After the Storm» verwendet, einen wunderschönen Country-Song. Niggi bekommt leicht feuchte Augen, so gerührt ist sie von dem Song. Da merkt man: Niggi ist eine taffe Powerfrau mit einem butterweichen Herz.

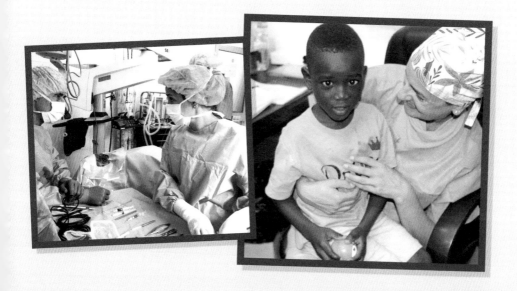

# AUS DEM BACKOFFICE DER STIFTUNG

«Ich war bloss vier Tage in Togo. 2018 mit meinem Vater und dem Techniker Martin Koch von der Firma Mediconsult», erzählt Nike, die jüngste Tochter von Uta und Armin Junghardt.

«Mein Vater hatte Geräte nach Togo geschickt, die unter der Feuchtigkeit und Hitze gelitten hatten und repariert werden mussten. Er hat dem Techniker und Augenoptiker Ernest vom Spital in Togo gezeigt, wie die Geräte funktionieren. Das ist wichtig, denn so kann Ernest die Geräte warten und reparieren, falls sie kaputt gehen sollten.»

Auch das gehört zu nachhaltiger Stiftungs- und Entwicklungszusammenarbeit: Menschen einführen und darauf achten, dass Sorge zum gespendeten Material getragen wird. Will man in einem Land wie Togo helfen, trifft man unweigerlich auch auf die ungeliebte Bürokratie. Diese steht leider am Anfang jeder Hilfe. Manch eine:r ist schon an ihr verzweifelt. Doch Armin Junghardt hat sich über all die Jahre hartnäckig durchgebissen.

«Mein Vater und ich sind zum Regierungssitz gefahren, wo er sich um Kontakte für den Spitalbau bemüht hat. Auch für das Verschiffen des Containers

musste viel getan werden, damit es schneller ging. Auf jeden Fall ging es darum, Präsenz zu markieren, sich überall zu zeigen und vorzustellen.»

Wie ihre Geschwister Beni und Trix ist auch Nike seit der Gründung von *ToGo opening eyes* Feuer und Flamme für die gemeinnützige Stiftungsarbeit ihres Vaters. Anders als ihre Geschwister hatte sie jedoch keine Zeit, während der Einsätze mitzugehen.

Das Wohltätige liegt der Familie im Blut.

«Es hätte mich eigentlich interessiert, als Ärztin für Médecins Sans Frontières zu arbeiten. Am Ende habe ich mich aber gegen ein Medizinstudium entschieden.» Durch ihr Gesundheitswissenschaften- und Technologiestudium kann sich Nike in Zukunft aber immer noch für die Stiftung einsetzen: «Wichtig ist, dass man als Helfer:in eine Aufgabe hat, wenn man nach Togo mitreist. Tagebuchschreiben und Fotografieren wären mir zu wenig, weil man so auf Distanz zu den Menschen bleibt: Man ist dann die ‹Weisse›, welche die ‹Schwarzen› fotografiert. Tagebuchschreiben und Fotografieren füllen auch nicht den ganzen Tag: Anders als hier bei uns würde ich mich in Togo in der freien Zeit nicht frei bewegen können – schon gar nicht als junge, weisse Frau.

Den Aufenthalt, auch wenn er nur kurz war, fand ich spannend: Ich war bei Operationen und Geburten dabei. In Togo ist alles ganz anders: Die Geräte, die Art zu operieren und die Hygiene sind nicht mit der Schweiz zu vergleichen.»

Zusammen mit ihrer Schwester Trix hat Nike eine Zeit lang im Backoffice der Stiftung gearbeitet: Die beiden sind für das Schreiben und den Versand der Spenden- und Dankesbriefe zuständig. Da Trix und Nike im Moment kaum mehr Zeit haben, wird jetzt Bruder Beni eingeführt.

Nike beschreibt die Arbeit im Backoffice:

«Zu Beginn war es ein Chaos. Du hast von *Niggi hilft Togo* Unterlagen für Dankesschreiben erhalten und dann auch noch von unserem Vater. Jetzt läuft aber alles routinemässig. Es gibt einen Haufen Dinge, die zusammenkommen: die Kilimandscharo-Spendenaktion ‹Höhenmeter für Togo›, das Projekt ‹Augengotti und -götti› (niggi-hilft-togo.ch, Spenden), und speziell vor Weihnachten gibt es immer viele Spenden für die Stiftung.»

An dieser Stelle möchten
wir uns ganz herzlich
bei allen Menschen, die uns
in den letzten Jahren
unterstützt haben, bedanken!

# ÄRZTLICHE UNTERSTÜTZUNG

Dr. med. Peter Schömig ist eigentlich offiziell in Rente: Anstatt sich aber zurückzulehnen, arbeitet er weiter als Anästhesiearzt in der AugenarztpraxisPlus und ist bereits dreimal nach Togo mitgereist. Letztes Jahr gemeinsam mit seiner Tochter Hannah, die auch als Anästhesistin arbeitet.

«Sehr eindrücklich waren die bittere Armut und die Tatsache, dass es Menschen mit ausgeprägter Katarakt gibt, was man bei uns nicht sieht. In entwickelten Ländern wie der Schweiz gehen Menschen zum Augenarzt, sobald sie eine Veränderung der Sicht bemerken, und werden entsprechend schnell behandelt. In Togo dagegen haben die Menschen nicht die Möglichkeiten und vor allem gibt es nur wenige Augenärzt:innen, die sie konsultieren könnten, sodass es zu einer massiv weissen/getrübten Linse kommt. Schon bei einem kurzen Spaziergang durchs Dorf denkt man: ‹Den könntest du operieren und die und …›

Die Menschen in Togo sind freundlich und dankbar. Das motiviert zu helfen und steigert die eigenen Kapazitäten. Man möchte die kurze Zeit nutzen, um möglichst vielen zu helfen. Das letzte Mal, als ich nach Togo gereist bin, haben wir am Samstag und Sonntag durchoperiert. Abends sind wir dann erschöpft ins

216

Bett gefallen. Und dann war da diese Hitze, du konntest nicht schlafen, bist immer wieder aufgewacht. Aber die Dankbarkeit und Freude der Menschen waren das allemal wert.

Bei den meisten Patient:innen, die zur Operation kamen, wusste ich nichts von irgendwelchen Vorerkrankungen, was für eine Sedierung oder Narkose ungünstig ist. Oft war der erste gemessene Blutdruck über 200, was aber meist auf die Aufregung zurückzuführen war.»

Peter Schömig kennt Dr. Armin Junghardt seit 20 Jahren. Als die Stiftung entstanden ist, hat er das mitgekriegt. Vor einigen Jahren konnte Stiftungsratsmitglied und Anästhesist Dr. med. Mathis Lang nicht nach Togo mitreisen. Und da sprang Peter Schömig ein. Wenn es mehr als einen Anästhesisten brauchte, konnte auch der togolesische Anästhesiearzt der Klinik in Vogan mitarbeiten.

Bei Dr. Schömig merkt man sofort, dass er sehr tiefgründig ist.

«Es ist eine sehr sinnvolle Sache und ich bewundere Armin für das, was er ins Leben gerufen hat. Wir dürfen hier sehr privilegiert leben und können so etwas zurückgeben.»

Peter Schömig ist eine herzensgute Person. Ihm liegt viel an einer guten Gruppenatmosphäre.

«Wir waren so ein gutes Team, das hat Spass gemacht von früh bis spät. Abends war man dann kaputt. Um sechs Uhr früh ist man wieder aufgestanden, hat zusammen gefrühstückt, und los ging's wieder.»

Ich erinnere mich vom Lesen der Tagebücher her, dass die Gruppe nicht nur gearbeitet hat ... Stand da nicht auch was von Beizen und Bierchen?

«Stimmt! Auf dem Heimweg sind wir manchmal noch ein Bierchen trinken gegangen. Oder Père Théo hat uns Bier in die Unterkunft gebracht. Ich bin kein grosser Bierkenner, aber das Togo-Bier schmeckt.»

# ALS TAGEBUCHSCHREIBERIN
# UND FOTOGRAFIN IM EINSATZ

Trix ist die älteste Tochter von Uta und Armin Junghardt. Sie studiert Umwelt- und Naturwissenschaften und trägt ihren Teil zur Stiftung *ToGo opening eyes* bei, indem sie gemeinsam mit ihrer Schwester Nike im Backoffice die Spenden- und Dankesbriefe schreibt. Während ihres zweiwöchigen Togo-Aufenthalts hat Trix Tagebuch geschrieben und Brillengestelle für die Togoles:innen ausgesucht.

«Ich war erst einmal in Togo, als Beni 2016 sein Kunstprojekt gemacht hat. Die Gruppe war zwei Wochen da: Wir mussten lange warten wegen des Materialcontainers mit den Sachen zum Operieren und Malen – gute fünf bis sechs Tage. Es war die reinste Zeitverschwendung. Mein Vater ist wegen des Containers jeden Tag nach Lomé zum Hafen gefahren. Ich bin dreimal mitgefahren, was für mich mit Angst verbunden war. Man muss wissen, dass Togo ein sehr korruptes Land ist. Ohne Théo wäre es schwieriger geworden. Théo ist Priester, dadurch hat er ein höheres Ansehen, weil er zu den Wohlhabenden gehört. Schliesslich hat Ruth Kuster, die mit einem ranghohen Togolesen liiert ist, erreicht, dass der Container ohne Probleme ins Land gekommen ist, da sie gute Kontakte zu den Politiker:innen vor Ort hat.

*Togo-Einsatz von Trix (rechts), 2016*

Die Korruption hat mich wirklich schockiert: Die Menschen hocken draussen vor dem Spital und dann kommt ein Dogbi [Stammesoberhaupt] oder ein Priester rein und mein Vater behandelt erst die, weil man von den wichtigen Leuten akzeptiert werden muss. Damals war ich noch jünger, für mich war das schlimm, wie diese Leute an den Armen vorbeimarschiert sind, die von weit her gekommen waren und ein bis zwei Nächte auf den Bänken draussen geschlafen hatten.

Aus Langeweile habe ich ein Nummernsystem eingeführt, damit die Leute wissen, wann sie an der Reihe sind – von 1 bis 30. Das hat gut geklappt. Wenn ein Dogbi oder Priester kam, galt die Reihenfolge natürlich nicht mehr.»

Vor ihrer Reise nach Togo hat sich Trix das Helfen anders vorgestellt. Sie dachte, die Togoles:innen würden das Stiftungsteam mit offenen Armen empfangen. Doch «es dauerte lange, bis die Stiftung Ansehen bei den Menschen vor Ort gewinnen konnte. Mein Vater musste sich Respekt erarbeiten. Die Afrikaner sind ein stolzes Volk: Sie wollen nicht, dass man von aussen kommt und einfach etwas macht. Sie empfinden das als Beleidigung. Sie wollen in den Prozess einbezogen werden.»

Wie zeigte sich die fehlende Wertschätzung gegenüber der Stiftung?

«In Form der Containerverspätung: Da kommt eine Stiftung, die hilft, aber der Container schafft's nicht aus dem Hafen! Man merkt: Es bockt. Auf diese Weise wollen die Togolesen Autorität zeigen. Das fand ich eindrücklich. Natürlich versuchen sie auch Geld zu bekommen. Auf der Strasse kommen Menschen auf einen zu und fragen: ‹Hast du ein Handy? Her damit!›

Ich habe gelernt, dass sich Respekt erarbeiten zum Helfen gehört. Zusammenarbeit braucht Zeit. Man kann nicht alles von heute auf morgen auf den Kopf stellen. Und: Man muss einfach damit leben, dass in Togo alles langsamer läuft.»

Wie war es, wieder nach Hause zurückzukehren, wo alles so anders ist?

«Das Nachhausekommen war krass. In Togo gab es nur kaltes Wasser zum Duschen, aber das war nicht weiter schlimm, weil man bei den tropischen Temperaturen konstant geschwitzt hat. Man war gefühlt immer am Duschen, weil es so heiss war.

Besonders in Erinnerung geblieben ist mir die Dankbarkeit der Leute: Man wurde beschenkt, es wurden extra Kleider für uns genäht. Aber ich habe mir im Nachhinein viele Gedanken über das Helfen gemacht. Helfen ist immer auch egoistisch, so paradox dies klingen mag. Man gibt etwas für andere, aber erhält auch etwas für sich selbst. Man erhält ein gutes Gefühl. Andererseits habe ich gesehen, wie schlimm es an anderen Orten der Welt sein kann und wie privilegiert wir sind. Am Anfang ist man schon dankbarer, wenn man wieder zu Hause ist, aber man gewöhnt sich natürlich rasch wieder an den gewohnt gehobenen Standard.»

Zum Schluss merkt Trix an:

«Die Menschen, die nach Togo mitreisen, tun dies nicht etwa, weil sie zu wenig zu tun hätten. Alle, die bei *ToGo opening eyes* mitmachen, opfern einen Teil ihrer Ferien.»

# ETH-ARCHITEKTIN MIT LEIDENSCHAFT FÜR NACHHALTIGKEIT

Uta Junghardt ist ETH-Architektin und mit Dr. med. Armin Junghardt verheiratet. Sie plant den Bau der neuen Augenklinik in Vogan, Togo. Bisher hat sie in Togo zweimal vor Ort die architektonischen Gegebenheiten beurteilt.

Da ich nun schon einige Interviews hinter mir und viel Interessantes erfahren habe, frage ich Uta Junghardt erst mal nach dem Essen und der Hygiene vor Ort. Denn ich bin erstaunt, dass bis anhin kaum jemand darüber gesprochen hat.

«Wir haben im Haus von Père Théo gewohnt. Zwei Helferinnen von Père Théo haben gekocht, und es hat immer geschmeckt. Viel Gemüse und Früchte – Melonen und Papaya, Maniok und Kartoffeln – sowie Reis kamen auf den Tisch. Zudem gab es immer Bier und Nüsse … und Apéros. Wir hatten zur Sicherheit auch zwei Koffer mit Snacks mitgenommen, um bei Bedarf die Stimmung mit Darvida und Biberli zu heben.

Die Wasserqualität war gut. Insgesamt, könnte man sagen, war alles ‹normal›. Der Standard war einfach, aber nie eklig. Es war nicht so wie in Indien vor

*Togo-Einsatz von Uta (vorne links), 2018*

über 30 Jahren: Dort gab's bloss Rinnen, um sein Geschäft zu verrichten. In Togo dagegen hatten wir Toiletten wie bei uns.»

Dann aber wechseln wir zum wesentlichen Thema: zur Architektur und damit verbunden zu einer der Referenzen für ihre Pläne, Francis Kéré.

«Kéré habe ich bei meinen Recherchen entdeckt. Ich fand seine Philosophie für die Entwicklungszusammenarbeit interessant, weil er dem Land gemäss denkt und entsprechende Fragen stellt: Wie gehe ich mit der Hitze um, wie mit trockener Luft und Regen? Er baut vor Ort, gemeinsam mit den Einheimischen, und verwendet lokal vorhandene Materialien. In Togo ist dies hauptsächlich Lehm. Es gilt zu vermeiden, dass, wenn man etwas baut, das Haus bei den nächsten starken Regenfällen gleich wieder verschwindet. In Burkina Faso, Kérés Heimatland, ist es viel trockener, ähnlich wie im Norden Togos. Im Süden Togos dagegen, wo wir den Klinikbau planen, ist es anders, da ist es nass und üppig.»

Als Referenz erwähnt Uta Junghardt die gelungene Erweiterung der Entbindungs- und Kinderklinik in Tambacounda, Senegal, der angeblich heissesten Stadt der Welt. Der Bau wurde durch die Josef und Anni Albers-Stiftung ermöglicht.[150] Die Erweiterung in Tambacounda erfolgte unter der Leitung des Architekten Manuel Herz[151].

«Herz hat über die Stiftung Menschen vor Ort, Ärzt:innen und Bauleute kennengelernt und mit ihnen die Spitalerweiterung gebaut. In Bezug auf die geplante Augenklinik in Vogan heisst das, Kontakte in Togo zu nutzen, die das Projekt unterstützen. Es ist wichtig, dass man in persönlichem Kontakt mit Menschen vor Ort steht, denen man vertrauen kann und die auch fachkundig sind. Alles lässt sich erreichen, wenn man Gleichgesinnte vor Ort hat, die dasselbe Ziel verfolgen.»

Und was ist wichtig, wenn man als Helfer:in nach Togo mitreist?
«Es geht um Empathie und gleiche Grundgesinnung: Man muss das Ego zu Hause lassen! Es geht um eine gute Sache: darum, anderen zu helfen, die aufgrund ungünstiger Lebensumstände, für die sie nichts können, wenige bis keine Aufstiegschancen haben.»

---

150  www.thread-senegal.org
151  ad-magazin.de/article/josef-and-anni-albers-foundation-krankenhaus-senegal-manuel-herz-architekt

# LEXIKON

## Personen

*Freeman, Thomas Birch (1809–1890),* britisch-afrikanischer Missionar und Mitglied der methodistischen Kirche, einer Abspaltung der anglikanischen Kirche, die, gleich dem deutschen Pietismus, eine Erneuerung des Glaubens im Leben der Christ:innen anstrebt. Gründer von Schulen und der methodistischen Kirche in Togo.
bu.edu/missiology/missionary-biography/e-f/freeman-thomas-birch-1809-1890/

*Priesterkönig Johannes,* Legendenfigur aus dem Mittelalter (12. Jh.) und angeblicher Nachfahre der drei Weisen aus dem Morgenland. Er soll ein grosses und mächtiges christliches Reich östlich von Persien und Armenien beherrscht haben. Die Legende wurde vom syrischen Bischof Hugo von Jabala 1145 erfunden, um Papst Eugen III. zu einem Kreuzzug gegen die Muslime zu bewegen, welche die Stadt Edessa (heutige Türkei) erobert hatten. Zuerst suchten Schifffahrer in Indien nach seinem Königreich, im 13. Jh. in Zentralasien und im 14. Jh. in Äthiopien.
sciencedirect.com/science/article/abs/pii/0304418188900322
de.wikipedia.org/wiki/Priesterkönig_Johannes

*Kéré, Diébédo Francis (1965\*),* Architekt aus Burkina Faso, lebt in Berlin. Sein Architektur-stil hat internationale Strahlkraft, auch im Bereich der Entwicklungszusammenarbeit.
kerearchitecture.com
de.wikipedia.org/wiki/Diébédo_Francis_Kéré

*Landrou, Gnanli,* ETH-Doktorand aus Togo und Erfinder des Cleancretes.
ethz.ch/de/news-und-veranstaltungen/eth-news/news/2019/02/portrait-gnanli-landrou-oxara.html

*Protten, Christian Jacob (1715–1769),* dänisch-ghanaischer Missionar und Mitglied der Herrnhuter Brüdergemeine. Er lebte ein Jahr bei Nikolaus Ludwig Graf von Zinzendorf, bevor er von diesem nach Ghana entsandt wurde.
en.wikipedia.org/wiki/Christian_Jacob_Protten

*Templeton, John Marks (1912–2008),* britischer Unternehmer und Fondsmanager. Von ihm stammt das Zitat: «Das beste Investment mit der höchsten Rendite und dem geringsten Risiko ist Spenden.»
de.wikipedia.org/wiki/John_Marks_Templeton

*Zinzendorf, Nikolaus Ludwig Graf von,* Gründer der Herrnhuter Brüdergemeine (1700–1760). Die Herrnhuter Brüdergemeine ist eine Abspaltung der lutherischen Landeskirche, die der Strömung des Pietismus angehört. Der Pietismus strebt eine ernsthafte Nachfolge Christi im Leben der Gläubigen an. Wichtig für das pietistische Erbe sind geistliche Lieder und Gedichte, die eine innige Beziehung zum HERRN Jesus anpreisen. Die individuelle Emotionalität der Pietisten findet sich in den Liedern und Gedichten der Romantiker des 19. Jh. wieder, in denen insbesondere eine innige Beziehung zwischen Liebenden, zur Natur und zum Tod (schwarze Romantik) gefeiert wird. de.wikipedia.org/wiki/Nikolaus_Ludwig_von_Zinzendorf

## Begriffe

*Afrobarometer.* Eine unabhängige und panafrikanische Forschungsinstitution. Sie führt regelmässig Umfragen unter der Bevölkerung des Kontinents in über 30 Ländern durch zu den Themen Demokratie, Wirtschaft und Gesellschaft. Das Afrobarometer liefert die grösste und verlässlichste Datenmenge in Bezug auf die Denkweise der durchschnittlichen afrikanischen Bevölkerung.
afrobarometer.org/about

*Bruttoinlandprodukt (BIP).* Indikator, der die Wirtschaftsleistung der Bevölkerung eines Landes bemisst. Das BIP berechnet, wie sich die durchschnittliche Wirtschaftsleistung der Bevölkerung entwickelt: Je grösser der Wert des Indikators, desto mehr materielle Möglichkeiten und desto höher die Kaufkraft.
bfs.admin.ch/bfs/de/home/statistiken/querschnittsthemen/wohlfahrtsmessung/gueter/oekonomische-gueter/reales-bip-pro-kopf.html

*Bruttonationalglück (BNG).* Hat den Anspruch, den Wohlstand einer Bevölkerung nicht nur nach Einkommen pro Kopf zu messen, sondern auch nach Kriterien wie psychische Gesundheit, Umweltfreundlichkeit, Bildung und Zufriedenheit. Mit seinem Well-Being-Budget ist Neuseeland Vorreiter in der BNG-Umsetzung.
de.wikipedia.org/wiki/Bruttonationalglück

*CFA-Franc BCEAO (Franc de la Communauté Financière d'Afrique) oder XOF.* Währung der Westafrikanischen Wirtschafts- und Währungsunion der Länder Benin, Burkina Faso, Elfenbeinküste, Guinea-Bissau, Mali, Niger, Senegal und Togo.
de.wikipedia.org/wiki/CFA-Franc_BCEAO

de.wikipedia.org/wiki/CFA-Franc-Zone#Westafrikanische_Währung_XOF_(BCEAO)

*Christenverfolgung.* 70 bis 80% der Menschen, die wegen ihres Glaubens verfolgt werden, bekennen sich zum Christentum.

diepresse.com/439609/christentum-meistverfolgte-religion-weltweit

de.wikipedia.org/wiki/Christenverfolgung

*Corruption Perceptions Index (CPI).* Korruptionsindikator der NGO Transparency International. Je höher der Rang, desto korrupter das Land.

transparency.org

*Deutsch-Südwestafrika.* Deutsche Kolonie von 1884 bis 1915 auf dem Gebiet des heutigen Namibia. Sie war anderthalbmal so gross wie das deutsche Kaiserreich und die einzige deutsche Kolonie, in der sich eine beträchtliche Anzahl deutscher Siedler niederliess.

de.wikipedia.org/wiki/Deutsch-Südwestafrika

*Fetischmarkt Akodésséwa.* Grösster Voodoo-Markt der Welt in einem Vorort der Hauptstadt Lomé, Togo. Fetische sind Utensilien wie Tierknochen und -felle, durch die Priester:innen Kontakt mit der Geister- und Götterwelt aufnehmen.

de.wikipedia.org/wiki/Fetischmarkt_Akodésséwa

*Global Peace Index (GPI).* Friedensindikator der Organisation Vision of Humanity. Er misst die Sicherheit und Konflikte in einem Land im Vergleich zu anderen Ländern sowie den Grad der Militarisierung. Je tiefer der Rang, desto friedlicher das Land.

visionofhumanity.org

*Human Development Index (HDI).* Entwicklungsindikator der Vereinten Nationen, der den Wohlstand einer Bevölkerung nach dem BIP, der Lebenserwartung und der Anzahl Schuljahre bis 25 misst. Je höher der Rang, desto wenig entwickelt das Land.

hdr.undp.org

*Maghreb und Maschrek.* Zu den Maghrebstaaten (arab.: al-maġrib, «Ort, wo die Sonne untergeht») gehören Tunesien, Algerien, Marokko und Westsahara. Zu den Maghrebstaaten im weiten Sinn werden auch Libyen und Mauretanien gezählt. Zu den Maschrekstaaten (al-mašriq, «Ort, wo die Sonne aufgeht») gehören Ägypten, Israel, Palästina, Jordanien, Libanon, Syrien und Irak.

de.wikipedia.org/wiki/Maghreb

*Memorandum of Understanding (MoU).* Ein Begriff, der aus dem US-amerikanischen Rechtswesen stammt und keinen rechtlich bindenden Vertrag beschreibt, sondern den

gegenseitigen Respekt und die ernsthafte Absicht zwischen mehreren Parteien.
whatis.techtarget.com/de/definition/Memorandum-of-Understanding-MOU-MoU-
Absichtserklaerung

*Naturreligionen.* Werden von Völkern ausgeübt, die naturverbunden leben. Je nach
Ethnie unterscheiden sie sich stark. Merkmale sind: Es gibt keine Heilige Schrift, sondern
eine mündliche Tradition. Die Gottheiten unterscheiden sich je nach Volksstamm.
Ahnen (Vorfahren) werden verehrt. Priester:innen haben die Funktion von Medizinmännern
oder Geistbeschwörern.
relilex.de/naturreligionen/

*NGO (Nichtregierungsorganisation)/NPO (Non-Profit-Organisation).*
Beides sind gemeinnützige Organisationen und daher nicht profitorientiert.
Sie agieren in den Bereichen Umwelt- und Tierschutz, Menschenrechte,
Gesundheitswesen und Entwicklungszusammenarbeit. Sie sind als Vereine, Stiftungen
und Initiativen organisiert. Die wichtigsten Unterschiede: NGOs widmen sich
ausschliesslich politischen Themen und nehmen ausschliesslich Mitgliederbeiträge
und Spenden ein, während NPOs auch eigenes Geld erwirtschaften.
npo-jobs.ch/npo-ngo

*Subsahara-Afrika.* Ärmste Region der Welt, die kaum über medizinische Versorgung
und Infrastruktur verfügt. Die meisten afrikanischen Staaten befinden sich südlich der
Sahara. Nördlich befinden sich die fünf nordafrikanischen Maghrebstaaten.
Gleich zehn Subsahara-Länder führen die Top 10 der ärmsten Länder dieser Welt an:
1) Burundi, 2) Südsudan, 3) Somalia, 4) Mosambik, 5) Madagaskar, 6) Zentralafrikanische
Republik, 7) Sierra Leone, 8) Demokratische Republik Kongo, 9) Malawi, 10) Niger.
wiwo.de/politik/ausland/ranking-das-sind-die-aermsten-laender-der-welt-2022/26792056.html
gesichter-afrikas.de/laenderinformationen/alplabetischeliste.html
de.wikipedia.org/wiki/Subsahara-Afrika

*Togo.* Afrikanischer Kleinstaat in Westafrika am Golf von Guinea. Eines der korruptesten
(CPI: Rang 134 von 179) und ärmsten Länder der Welt, was das BIP, die Lebenserwartung
und Schulbildung angeht (HDI: 167 von 189). Wichtige Themen laut Afrobarometer sind
für die togolesische Bevölkerung die korrupte Politik und Gesundheit.
de.wikipedia.org/wiki/Togo

*Voodoo.* Voodoo hat seinen Ursprung in der Naturreligion der Yoruba. Die Yoruba sind eine
der grössten Volksgruppen Westafrikas. Durch den französischen Sklavenhandel im 17/18.

Jh. gelangte die Yoruba-Religion in die Karibik und nach Südamerika, wo sie offiziell nicht ausgelebt werden durfte und sich mit dem römischen Katholizismus vermischte. Durch die Rückwanderung der Sklav:innen ab Ende 18. Jh. wurde die Religion in westafrikanischen Ländern wie Togo eingeführt. Parallelen zum französischen Katholizismus sind u.a.: Bondjé (bon Dieu) und die Loas, Geister, die sich als Menschen verkörpern können und mit den katholischen Heiligen gleichgesetzt werden.
Bettina Schmidt, Voodoo/ Afe Adogame, Yoruba, religionsgeschichtlich

*Voodoo-Markt Vogan, Togo.* Grösster Voodoo-Markt Westafrikas.
en.wikipedia.org/wiki/Vogan

*Well-Being-Budget.* 2019 war Neuseeland das erste Land, das ein staatliches Budget für Indikatoren des Bruttonationalglücks erstellte, bspw. für Bildung, das Wohlbefinden der nativen Maori, Umwelt sowie für (psychische) Gesundheit. Die Idee dahinter ist, den Wohlstand einer Bevölkerung nicht nur mittels BIP zu messen.
weall.org/resource/new-zealand-implementing-the-wellbeing-budget
de.wikipedia.org/wiki/Wellbeing_Budget

*Weltverfolgungsindex.* Verfolgungsindikator der Organisation Open Doors, die sich für verfolgte Christ:innen einsetzt. Open Doors erstellt jährlich eine Rangliste der 50 Länder, in denen Menschen christlichen Glaubens am meisten verfolgt werden.
opendoors.ch/index

*Wertschöpfungskette.* Sie stellt Stufen der Produktion vom Ausgangsmaterial bis zur Verwendung als eine geordnete Aneinanderreihung von Tätigkeiten dar. In diesem Prozess werden Ressourcen verbraucht und Werte geschaffen. Die Wertschöpfung ist ein zentraler Indikator für die wirtschaftliche Leistung eines Unternehmens und gibt Aufschluss darüber, wie gut die Erwartungen und Bedürfnisse der Kundschaft erfüllt werden.
refa.de/service/refa-lexikon/wertschoepfungskette

*Westafrika.* Zu dieser Region gehören die Länder Benin, Burkina Faso, Elfenbeinküste, Gambia, Ghana, Guinea, Guinea-Bissau, Kap Verde, Liberia, Mali, Mauretanien, Niger, Nigeria, Senegal, Sierra Leone, Togo und die britischen Überseeinseln St. Helena, Ascension und Tristan da Cunha. Im Süden und Westen ist Westafrika durch den Atlantik begrenzt. Zum Westteil Afrikas gehören auch die nördlichen Maghrebländer Tunesien, Algerien und Marokko sowie das Gebiet der Westsahara (Nordwestafrika).
de.wikipedia.org/wiki/Westafrika

*Wettlauf um Afrika.* Ein Thema, das einige von uns bestens aus dem Geschichtsunterricht

kennen dürften. Zwischen 1880 und dem Ersten Weltkrieg kämpften die Grossmächte Spanien, Italien, Frankreich, Grossbritannien, Deutschland, Portugal und Belgien um Kolonien auf dem afrikanischen Kontinent.
de.wikipedia.org/wiki/Wettlauf_um_Afrika

*Wissensökonomie.* Der Begriff umschreibt, dass Wissen in einer postindustriellen, dienstleistungsorientierten Gesellschaft zu einer zentralen Ressource von Unternehmen geworden ist. Das Materielle dagegen ist austauschbar geworden: Bei industriellen Arbeiten, die vorwiegend physisch und repetitiv sind, lassen sich Menschen austauschen und Produktionsstandorte verlagern. Mit Wissen ist nicht Auswendiglernen gemeint, es umfasst in diesem Zusammenhang Erfahrungen, Urteilsvermögen und Selbstorganisation. Wissen als Produktionsfaktor macht über 50% der Wertschöpfung aus, Tendenz steigend. Hiermit setzt sich der Trend fort, dass körperliche und repetitive Arbeit abgewertet wird zugunsten der Lösung kognitiver und kreativer Probleme.
https://megatrends.fandom.com/de/wiki/Wissens-Ökonomie

# LITERATURVERZEICHNIS
Letzter Aufruf aller Onlinemedien: 31.01.23

**Stiftungswebsites**

stiftung-togo.ch
Stiftung ToGo opening eyes
c/o AugenarztpraxisPlus
Rütistrasse 6, 5400 Baden
+41 (0)56 200 10 90
info@stiftung-togo.ch
© Stiftung ToGo opening eyes

niggi-hilft-togo.ch
Niggi hilft Togo
c/o Nicole und Rolf Wiederkehr
Weidhofstrasse 6a
5452 Oberrohrdorf
+41 (0)79 248 21 20
info@niggi-hilft-togo.ch

## Stiftungsbroschüren

Im Kleinen Grosses bewegen. *ToGo opening eyes.*

*Niggi hilft Togo.* Hilf auch Du! Augenlicht für Togo.

*Niggi hilft Togo.* Hilf auch Du! Charity-Abend, 19. November 2019, sowie Projekt- und Spendeninformationen zu *Niggi hilft Togo.*

## Artikel

*Afrika braucht unser Geld nicht*, NZZ, 31. August 2022
https://www.nzz.ch/meinung/afrika-braucht-unser-geld-nicht-ld.1698424

*Bill & Melinda Gates Foundation*. gatesfoundation.org

*Board for Good. Gesucht! Junge Stiftungsrät:innen für gemeinnützige Stiftungen*
boardforgood.org

*Cargill: The Worst Company in the World,* Mighty Earth, 2019
mightyearth.org/wp-content/uploads/Mighty-Earth-Report-Cargill-The-Worst-Company-in-the-World-July-2019.pdf

*Cassis verschärft Regeln für Entwicklungshilfe: Staatsgelder dürfen nicht in Polit-Kampagnen fliessen,* NZZ, 4. März 2021
nzz.ch/schweiz/cassis-verschaerft-regeln-fuer-entwicklungshilfe-staatsgelder-duerfen-nicht-in-polit-kampagnen-fliessen-ld.1604901

*China und Afrika – eine hoffnungsvolle, aber gefährliche Liaison,* NZZ, 8. September 2019
nzz.ch/wirtschaft/eine-hoffnungsvolle-aber-gefaehrliche-liaison-ld.1418336

*Das Dilemma der WHO*, Deutschlandfunk Kultur, 17. Juli 2018
deutschlandfunkkultur.de/unabhaengigkeit-der-weltgesundheitsorganisation-das-dilemma-102.html

*Das sind die zehn weltweit grössten Spender*, Handelszeitung, 28. Oktober 2015
handelszeitung.ch/panorama/das-sind-die-zehn-weltweit-grossten-spender

*Der Effekt von Gütesiegeln auf die Spendeneinnahmen*, The Philanthropist,
12. Oktober 2020
thephilanthropist.ch/der-effekt-von-guetesiegeln-auf-die-spendeneinnahmen/

*Der grüne Angriff der Gates-Stiftung*, Jacobin, 11. November 2020
jacobin.de/artikel/bill-gates-stiftung-saatgut-privatisierung-agribusiness-afrika/

*Die 21 Zewo-Standards*
zewo.ch/de/die-21-zewo-standards/?gclid=CjwKCAiA78aNBhAlEiwA7B-76pzOFM9X0Xpx6uk7PIcaiOr7QyM0Lu8QUZ2xY414hRAh68RB8afe1iRoCQ-YQAvD_BwE

*«Die Gates-Stiftung ist ein Mittel, um Macht auszuüben»*, Spiegel Wirtschaft, 27. Juli 2014
spiegel.de/wirtschaft/unternehmen/interview-zur-gates-stiftung-mccoy-beklagt-machtmiss-brauch-a-981842.html

*«Die traditionelle Form der Philanthropie hat versagt»*, Roche-Erbe André Hoffmann,
16. Oktober 2021, magazin.nzz.ch/wirtschaft/roche-vizepraesident-andre-hoffmann-ueber-die-philanthropie-ld.1650715

*Edle Weltregenten*, Frankfurter Rundschau, 26. Januar 2019
fr.de/panorama/edle-weltregenten-11485452.html

*Es darf Kirchen und den Christ:innen nicht egal sein, wenn Menschenrechte verletzt werden*, 30. Dezember 2021
frontex-referendum.ch/2021/12/30/es-darf-kirchen-und-den-christinnen-nicht-egal-sein-wenn-menschenrechte-verletzt-werden/

*Experte kritisiert: «In der Schweizer Entwicklungshilfe wird Geld verschleudert»*,
Blick, 19. Juli 2015
blick.ch/politik/experte-kritisiert-in-der-schweizer-entwicklungshilfe-wird-geld-verschleu-dert-vetterliwirtschaft-intransparenz-arroganz-id3987255.html

*FAQs on MAVA's closing*
mava-foundation.org/about-us/faq-closing/

*Gehen wir demnächst sanft zugrunde? – Nichts gegen Ökologie, solange sie nicht zur Unvernunft wird. Das aber ist leider zunehmend der Fall*, NZZ, 15. Januar 2022
nzz.ch/meinung/sanftheit-ist-nicht-immer-hilfreich-grenzen-des-oeko-denkens-ld.1662905

*Gemeinnützige Stiftungen sind nicht teuer*, NZZ, 22. Februar 2022

*Geschieden, steinreich, freigiebig: Wie Melinda French Gates und MacKenzie Scott die Philanthropie verändern*, NZZ, 14. Februar 2022
nzz.ch/wirtschaft/melinda-french-gates-und-mackenzie-scott-aendern-die-philanthropie-ld.1668194

*Häufige Fragen: Besitzt UNICEF das Zewo-Gütesiegel?*
unicef.ch/de/ueber-unicef/schweiz-liechtenstein/haeufige-fragen

*In Togo, fighting the leading cause of death: malaria*, UNO, 19. Mai 2021
unsdg.un.org/latest/stories/togo-fighting-leading-cause-death-malaria

*Ist Bill Gates der Retter der Menschheit oder ein Impfbösewicht? Warum seine Stiftung so viel Kritik erntet, obwohl sie vorgibt, Gutes zu tun*, NZZ, 24. September 2021
nzz.ch/international/welche-rolle-spielt-bill-gates-in-der-globalen-gesundheit-ld.1644849

*Lichtblick. Operation Togo*, Coopzeitung, 26. November 2016, aufgerufen auf der Homepage des Liceo Artistico
kfr.ch/liceo/wp-content/uploads/2016/09/togo-projekt_coopzeitung.pdf, (der Link ist nicht mehr aufrufbar)

*Massenmigration aus dem Maghreb – Europa sollte vorausschauend handeln, bevor es zu spät ist*, NZZ, 10. März 2021
www.nzz.ch/meinung/massenmigration-aus-dem-maghreb-europa-sollte-vorausschauen-ld.1605532

*Melinda Gates: Vermögen geht künftig nicht mehr an Gates-Stiftung*, Handelsblatt, 4. Februar 2022
handelsblatt.com/unternehmen/philanthropie-melinda-gates-vermoegen-geht-kuenftig-nicht-mehr-an-gates-stiftung/28032056.html

*Milliarden aus Mitleid?* Focus Money, 13. November 2013
www.focus.de/finanzen/news/milliarden-aus-mitleid-entwicklungshilfe_id_2256104.html

*Nervöse Finanzdirektoren fragen sich: Wie hält man gute Steuerzahler in der Schweiz?*
NZZ, 19. Januar 2022
nzz.ch/wirtschaft/mindeststeuer-wie-man-die-guten-steuerzahler-haelt-
ld.1665184?ga=1&kid=nl167_2022-1-19&mktcid=nled&mktcval=167_2022-01-19

*NPOs dürfen Geld haben,* Prof. Georg von Schnurbein, DIE STIFTUNG Schweiz,
November 2021

*NPO-Jobs/NGO-Jobs – wo ist der Unterschied?*
npo-jobs.ch/npo-ngo

*Philanthropie,* Historisches Wörterbuch der Philosophie online, Zugriff über
Zentralbibliothek Zürich online

*Philanthropie: Dort spenden die Reichen am meisten,* finews.ch, 4. Dezember 2019
finews.ch/news/finanzplatz/39100-wealth-x-report-ultra-reiche-spenden-philanthropie

*Philanthropie in der Schweiz: 100 Milliarden für den guten Zweck,* NZZ,
23. November 2021
nzz.ch/wirtschaft/100-milliarden-fuer-den-guten-zweck-philanthropie-in-der-kritik-
ld.1654998

*Sammeln geht auch ohne Zewo,* Blick, 7. April 2018
blick.ch/wirtschaft/viele-stiftungen-pfeifen-auf-guetesiegel-sammeln-geht-auch-ohne-zewo-
id8191790.html

*Santé pour tous – Gesundheit für alle – Gesundheitsarbeit in Togo,* Bayerisches Ärzteblatt,
13. Januar 2017

*Smiling Gecko*
www.smilinggecko.ch/ueber-smiling-gecko/

*Streitpunkt Philanthropie,* Schweizermonat, November 2017
schweizermonat.ch/streitpunkt-philanthropie/

*The Giving Pledge*
givingpledge.org

*Transparenz-Initiative zur Parteifinanzierung*, 6. März 2018
humanrights.ch/de/ipf/menschenrechte/demokratie/intransparenz-parteifinanzie-
rung?gclid=CjwKCAiA-9uNBhBTEiwAN3llNNSsbP6MtikGrbfSMSlOKJLxJjg_1VYY2xI8LR-
dgpxDtgvrrHhmcxoCGRYQAvD_BwE++transparenz-ja.ch%2Fbevoelkerung-will-mehr-trans-
parenz-in-der-politikfinanzierung%2F

*Vom Kopf her*, Katharina Schnurpfeil, DIE STIFTUNG Schweiz, November 2021

*Wachstum schlägt Effizienz – die intelligente neue Datenwelt erzeugt einen Stromhunger,
der die Umwelt massiv belasten wird*, NZZ, 22. Januar 2020
www.nzz.ch/meinung/wachstum-schlaegt-effizienz-die-intelligente-neue-datenwelt-er-
zeugt-einen-stromhunger-der-die-umwelt-massiv-belasten-wird-ld.1529864

*Why is the Gates Foundation investing in GM giant Monsanto?* The Guardian, 2010
theguardian.com/global-development/poverty-matters/2010/sep/29/gates-foundation
*Wir wollen Starthilfe geben*, Bayer HealthCare, das Monatsgespräch, April 2015

*Wodu (Wudu, Voodoo, Vodou)*, Bettina Schmidt, in: Religion in Geschichte und Gegenwart
online, Zugriff über Brill References online

*Yoruba, religionsgeschichtlich*, Afe Adogame, in: Religion in Geschichte und Gegenwart
online, Zugriff über Brill References online

*17 Ziele – Vereinte Nationen – Regionales Informationszentrum für Westeuropa*
unric.org/de/17ziele/

**Indices**

*Afrobarometer*
*Africans regard China's influence as significant and positive, but slipping,*
17. November 2020, afrobarometer.org

*Algeria*
afrobarometer.org

*Corruption Perceptions Index 2020,* Transparency International
- transparency.org/en/countries/Switzerland
- transparency.org/en/countries/togo

*Global Peace Index 2021,* Vision of Humanity
visionofhumanity.org

*Latest Human Development Index Ranking 2020*
hdr.undp.org

*Real GDP growth 2022*
imf.org/external/datamapper

*Suizidraten ausgewählter Länder nach Geschlecht im Jahr 2019*
de.statista.com/statistik/daten/studie/242337/umfrage/laender-mit-den-hoechsten-sui-
zidraten-nach-geschlecht/

*Togo*
afrobarometer.org/countries/togo-0

*Weltweite Christenverfolgung auf einen Blick.* Wo Christ:innen am stärksten verfolgt
werden – dargestellt in einer interaktiven Weltkarte
opendoors.de/christenverfolgung/weltverfolgungsindex/weltverfolgungsindex-karte#
rangfolge


**Amtliche Dokumente**

*Auswärtiges Amt (DE)*
*Togo: Reise- und Sicherheitshinweise (COVID-19-bedingte Reisewarnung)*
auswaertiges-amt.de/de/aussenpolitik/laender/togo-node/togosicherheit/213850#
content_2

*BMZ (Bundesministerium für Entwicklung und Zusammenarbeit, DE)*
*Länderliste für die staatliche Entwicklungszusammenarbeit des BMZ,* PDF September 2021
bmz.de/de/entwicklungspolitik/reformkonzept-bmz-2030

Die Bundesversammlung – das Schweizer Parlament
*Werden die Anforderungen an die Steuerbefreiung juristischer Personen wegen Gemein-*
*nützigkeit im Falle von politischer Tätigkeit eingehalten?* Motion 20.4162, 24. September
2020, eingereicht von Ruedi Noser
parlament.ch/de/ratsbetrieb/suche-curia-vista/geschaeft?AffairId=20204162

EDI (Eidgenössisches Departement des Innern, CH)
*Mustervorlagen: Urkunde und Reglement,* Eidgenössische Stiftungsaufsicht
edi.admin.ch/edi/de/home/fachstellen/eidgenoessischestiftungsaufsicht/beratung/muster-
vorlagen--urkunde-und-reglement.html

Eidgenössisches Finanzdepartement
*Die Schweiz fordert Rechtssicherheit bei der Umsetzung der Eckwerte zur internationalen*
*Unternehmensbesteuerung,* 8. Oktober 2021, Bern
sif.admin.ch/sif/de/home/dokumentation/medienmitteilungen/medienmitteilungen.msg-
id-85410.html

*Eidgenössische Stiftungsaufsicht,* Newsletter # 2, Dezember 2021

*fundraiso.ch,* Verzeichnis von Stiftungen, Fonds & Sponsoren
Stiftungsaufsicht – Was sagt die Zuständigkeit einer Aufsichtsbehörde über die Stiftung aus?
fundraiso.ch/stiftungsaufsicht-eidgenoessisch-kantonal

*Leitfaden für Stiftungen,* Eidgenössische Stiftungsaufsicht, Zugriff über Uni Basel
eskript.ius.unibas.ch/wp-content/uploads/sites/35/2017/01/leitfaden_fuer_stiftungen_
eidgenossische_stiftungsastiftun.pdf

*Stiftungen – Ein gutes Geschäft für die Gesellschaft.* Eine empirische Untersuchung über
volkswirtschaftliche Kosten und Nutzen gemeinnütziger Förderstiftungen in der Schweiz,
Hrsg. Swissfoundations, Dachverband der Schweizer Förderstiftungen, und PwC Schweiz,
Juli 2019
swissfoundations.ch/wp-content/uploads/2019/07/SF_PwC_Steuerstudie_D.pdf

*Swissfoundations,* Dachverband Schweizer Förderstiftungen
Der Schweizer Stiftungsreport 2021
swissfoundations.ch/wp-content/uploads/2021/05/Stiftungsreport-2021_D_web.pdf

*Swissfoundation Code 2009,* Empfehlungen
curaviva-bl.ch/files/KXTMEWV/empfehlungen_fuer_stiftungraete.pdf

*Togolesische Botschaft in der Schweiz*
*Géographie*
www.ambassadedutogo.ch/page-geographie-19

*Was ist eine Stiftung?*
swissfoundations.ch/stiftungssektor/stiftungsglossar/

*10 Fragen für angehende Stifter:innen, 2019*
swissfoundations.ch/wp-content/uploads/2019/07/10-Fragen-für-Stifter-und-
Stifterinnen_2019_final.pdf

**Radio- und TV-Sendungen**

*Bruttonationalglück? Was dann?* | «mal angenommen»: Tagesschau-Podcast,
19. November 2020
youtube.com/watch?v=AP4xnbdxakE

*Gehört Afrika die Zukunft?* SRF Sternstunde Philosophie, 16. Dezember 2021
srf.ch/play/tv/sternstunde-philosophie/video/felwine-sarr---gehoert-afrika-die-zu-
kunft?urn=urn:srf:
video:f4f8643e-2eda-48ab-9053-c611aa01adc2

*Ghana will die Hilfe hinter sich lassen,* SRF, 3. April 2021
www.srf.ch/audio/international/ghana-will-die-hilfe-hinter-sich-lassen?id=11958284

*K(l)eine Weltverbesserer,* SRF Reporter, 20. Mai 2018
srf.ch/play/tv/reporter/video/kleine-weltverbesserer?urn=urn:srf:video:21f81223-
2ec2-442f-ab01-186a5bbcf133
belle-etoile-togo.com/ueber-uns/

*Kritik an teurem Zewo-Gütesiegel,* SRF, 22. Dezember 2017
www.srf.ch/news/schweiz/teures-spenden-zertifikat-kritik-an-teurem-zewo-guetesiegel

*Putin – Die Rückkehr des russischen Bären,* Doku HD, Arte
youtube.com/watch?v=lwjzF_EO-i0

*Stiftungen, Folge 1: Wer sucht, der findet nicht immer,* SRF, 5. Juli 2019
srf.ch/audio/trend/stiftungen-folge-1-wer-sucht-der-findet-nicht-immer?id=11568210

*Stiftungen, Folge 2: Unterstützer oder Konkurrenten des Staats?* SRF, 5. Juli 2019
srf.ch/audio/trend/stiftungen-folge-2-unterstuetzer-oder-konkurrenten-des-staa-
tes?id=11568228

*Stiftungen, Folge 3: Warum sind DAS Stiftungen?* SRF, 5. Juli 2019
srf.ch/audio/trend/stiftungen-folge-3-warum-sind-das-stiftungen?id=11568234

*Stiftungsland Schweiz,* SRF, 15. Juli 2019
srf.ch/audio/treffpunkt/stiftungsland-schweiz?id=11584481

*Togo: Tramadol, Schmerzmittel und Droge,* Arte-Reportage
youtube.com/watch?v=RZ3rFU-5mGM (nicht mehr auf Youtube verfügbar)

*Togo: Zwischen traditioneller Medizin, Malaria und dem Klimawandel,* Doku, Arte
(nicht mehr auf Youtube verfügbar)


**Forschungsarbeiten**

Bont, Kimberly, *Augenklinik Que Tu Voies,* 6. Oktober 2021

Rufer, Anna/Egloff, Alexandra/Förster, Tillmann, *Übersicht und Beurteilung von
ToGo opening eyes,* Entwicklungshilfeprojekt, Kantonsschule Wettingen, 18. Juni 2020

Rutkowski, Guenter, *Die deutsche Medizin erobert Togo: Beispiel des Nachtigal-Kranken-
hauses in Klein-Popo (Anecho), 1884–1914,* GRIN Verlag 2010

*Tropenophthalmologie – Prävention und Therapie. Vision 2020 –
das Recht auf Sehen (Abstract)*
link.springer.com/article/10.1007/s00347-004-1039-8

## Bücher

Bortoluzzi Dubach, Elisa, *Stiftungen. Der Leitfaden für Antragsteller*, 3. Auflage, Basel 2021

Bortoluzzi Dubach, Elisa/Frey, Hansrudolf, *Mäzeninnen. Denken, Handeln, Bewegen*, 2. Auflage, Bern 2014

Bortoluzzi Dubach, Elisa/Frey, Hansrudolf, *Sponsoring. Der Leitfaden für die Praxis*, 5. Auflage, Bern/Stuttgart/Wien 2011

Capra, Fritjof, *Lebensnetz. Ein neues Verständnis der lebendigen Welt*, 2. Auflage, Bern/München/Wien 1996

Helm, Renate, *Politische Herrschaft in Togo. Das Problem der Demokratisierung*, Münster 2004, Zugriff über Google Books

Jakob, Dominique/Orelli, Lukas von, *Der Stifterwille: Ein Phänomen zwischen Vergangenheit, Gegenwart und Ewigkeit*, in: Schriften zur Rechtspsychologie, Band 14, Bern 2014

Jung, C. G., *Archetypen. Urbilder und Wirkkräfte des kollektiven Unbewussten*, 4. Auflage, Mannheim 2020

Sarr, Felwine, *Afrotopia*, 5. Auflage, Berlin 2020

Savi, Atsu Jean-Paul, *Échec Gépolitique et Échec Missionnaire? Les missionnaires catholiques allemands au Togo (1892–1921)*, Paris 2020

Schnurbein, Georg von/Timmer, Karsten, *Die Förderstiftung. Strategie – Führung – Management*, 2. Auflage, Basel 2015

Standing, Guy, *The Precariat. The New Dangerous Class, Special Covid-19 Edition*, Bloomsbury Publishing Plc, 2. Auflage 2021

Stauffer, Beat, *Maghreb, Migration und Mittelmeer. Die Flüchtlingsbewegung als Schicksalsfrage für Europa und Nordafrika*, NZZ Libro 2019

Wagenknecht, Sahra, *Die Selbstgerechten. Mein Gegenprogramm – für Gemeinsinn und Zusammenhalt*, Frankfurt am Main 2021

## Über die Autor:innen und die Grafikerin

**Dr. med. Armin Junghardt** (1961) ist Augenarzt und seit 2014 Stifter und Stiftungsratspräsident von *ToGo opening eyes* mit Sitz in Baden AG. Er hat auch schon humanitäre Einsätze in Indien und Mexiko durchgeführt. Armin Junghardt ist mit der Architektin Uta Junghardt verheiratet, hat drei Kinder und zwei Lhasa-Apso-Hunde (tibetanische Tempelhunde).

**Valeria Sogne** (1993) ist evangelisch-reformierte Theologin (UZH) und war von Februar bis August 2022 im Stiftungs- rat von *ToGo opening eyes*. Im Juli 2022 durfte sie für eine Woche mit nach Togo, wo sie unter anderem für Fotografie und Berichterstattung verantwortlich war. Sie betreibt eine Homepage (valeriasogne.ch) mit den Rubriken Blog, Jour- nalismus, Buch & Verlag. Zudem war sie bei den Effinger- medien in Brugg AG als freie journalistische Mitarbeiterin angestellt. Mit dem vorliegenden Ratgeber und praktischen Leitfaden für Stiftungen erscheint ihr Erstlingswerk als pas- sionierte Schreiberin und Co-Autorin.

**Simone Meier** (1977) ist Künstlerin und Grafikerin. Sie versteht es, komplexe Sachverhalte wie etwa das humanistische Engagement von Stiftungen und die damit verbundenen Probleme in eine ansprechende und klare grafische Form zu bringen. Ihr Atelier für Gestaltung grafikformat (grafikformat.ch) ist in den Bereichen Logogestaltung, Printmedien, klassische Werbung und Eventauftritte tätig.